성탄과
부활

The Gospel Project for preschool

is published quarterly by LifeWay Christian Resources, One LifeWay Plaza, Nashville,
TN 37234, Thom S. Rainer, President. © 2015, 2016, 2017, 2018 LifeWay Christian Resources
Translated and used by permission of LifeWay Christian Resources

This Korean translation edition © 2019 by Duranno Ministry,
38, Seobinggo-ro 65-gil, Yongsan-gu, Seoul, Republic of Korea.
Published by arrangement with LifeWay Christian Resources

가스펠 프로젝트

성탄과 부활

유치부 교사용

지은이 · LifeWay Kids / 옮긴이 · 권혜신, 안윤경 / 감수 · 김병훈

초판 발행 · 2019. 11. 5 / 등록번호 · 제1988-000080호
등록된 곳 · 서울특별시 용산구 서빙고로65길 38 / 발행처 · 사단법인 두란노서원
영업부 · 02) 2078-3352, 3452, 3752, 3781 / FAX 080-749-3705
편집부 · 02) 2078-3437
활동 연구 · 고은님·박청아·유은정·진명선·홍선아

책값은 뒤표지에 있습니다.
ISBN 978-89-531-3626-7 04230

홈페이지 · gospelproject.co.kr 두란노몰 · mall.duranno.com

차례 

이렇게 활용해 보세요!

단원 개요 ①

'가스펠 프로젝트(하나님의 구원 계획)'의 연대기적 큰 흐름
속에서 각 단원과 각 과의 주제를 살펴봅니다.

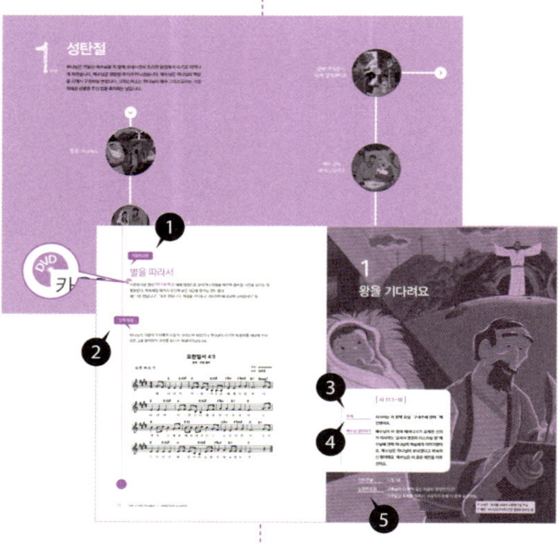

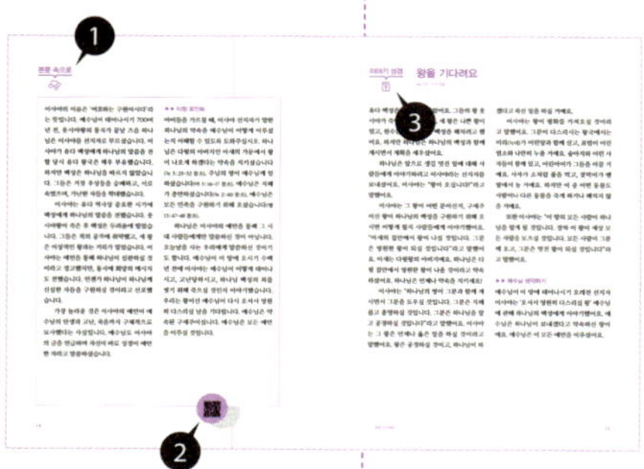

1 카운트다운 : 단원별로 제공되는 3분 카운트다운
영상으로, 장소를 옮기거나 시간을 구분 짓는 방법
으로 활용할 수 있습니다.

2 단원 암송 : 단원의 핵심 메시지가 담긴 성경 구절
입니다. 연령에 맞게 적절한 길이로 암기할 수 있도
록 주요 어휘에 밑줄 표시를 해 두었습니다.

3 주제 : 각 과의 핵심 줄거리를 파악할 수 있습니다.

4 예수님 생각하기 : 성경 이야기에 담긴 복음을 발견
하게 합니다. 모든 성경 이야기는 그리스도와 연결
됩니다.

5 성경의 초점 : 본문과 관련된 성경의 중심 주제를
문답 형식으로 정리한 문장입니다. 단원별로 제시
된 성경의 초점을 익히며 성경의 흐름을 이해하게
합니다.

*지도자용 팩의 PC 전용 DVD-Rom에 영상, 그림,
음원, 악보, PPT 등의 자료가 있습니다.

말씀 묵상 ②

말씀을 묵상하며 교육 목표를 확인하고, 기도로 준비합니다.

1 본문 속으로 : 각 과를 준비하며 묵상할 내용과 티칭 포인트
를 제시합니다. 청장년용 《가스펠 프로젝트》로 교사 소그룹
모임에서 더 깊은 묵상을 나누며 성경 읽기를 병행할 것을 권
유합니다. 부모 소그룹 모임은 교회와 가정을 연계해 교육 효
과를 더욱 높여 줄 것입니다.

2 QR 코드 : 가스펠 프로젝트 홈페이지(gospelprojet.co.kr)에
서 각 과별 교사 지도 가이드 동영상을 무료로 이용할 수 있습
니다.

3 이야기 성경 : '가스펠 설교'에서 사용하는 구어체 설교입니
다. 같은 내용의 영상이 지도자용 팩에 있습니다.

가스펠 준비 ③ 사전 활동을 살펴봅니다.

1 **싱글벙글 환영해요 :** 아이들을 맞이할 때 염두에 두어야 할 정보를 담았습니다.

2 **너랑 나랑 마음 열기 :** 각 과의 주제와 연결된 간단한 게임 활동을 소개합니다.

가스펠 설교 ④ 들어가기 – 성경 이야기 – 메시지와 정리 – 성경의 초점 – 복음 초청 – 기도 – 암송송에 이르는 설교 가이드입니다.

1 **들어가기 :** 도입 아이디어를 소개합니다.

2 **메시지와 정리 :** 각 과의 성경 이야기를 정리하고 연대표를 이용해 '가스펠 프로젝트(하나님의 구원 계획)'의 큰 흐름 속에서 각 과의 위치를 파악해 봅니다.

3 **복음 초청 :** 매주 복음을 전하고 영접 기도로 이끌 수 있는 초청 대화를 담았습니다.

4 **암송송 :** 단원의 핵심 메시지가 담긴 성경 구절을 쉽게 익힐 수 있도록 찬양과 손유희를 소개합니다.

가스펠 소그룹 ⑤ 말씀 놀이 – 간식 – 마무리 순서로 진행되는 소그룹 가이드입니다.

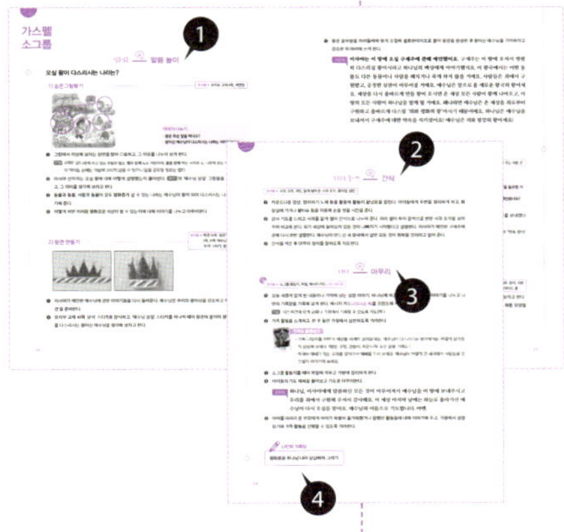

1 **알콩달콩 말씀 놀이 :** 성경 이야기에서 배운 내용들을 되새기며 즐겁게 놀이할 수 있는 다양한 활동을 소개합니다. 각 과의 첫 번째 활동에는 유치부 교재를 풍성하게 활용할 수 있는 교수 방법이 담겨 있습니다.

2 **소곤소곤 꿀~꺽 간식 :** 각 과에 어울리는 간식과 효과적인 간식 지도 방법을 소개합니다.

3 **오순도순 마무리 :** 메시지 카드(각 과의 핵심 내용과 가족과 함께하는 활동을 담은 카드)를 나누어 주고, 아이들이 활동한 자료를 파일에 정리한 후 기도로 마무리하는 과정을 안내합니다.

4 **나만의 기록장 :** 각 과를 정리하며 나 자신을 돌아보게 하는 활동입니다. 시간 여건에 맞게 활용할 수 있습니다.

두란노서원을 통해 라이프웨이(LifeWay)의 《가스펠 프로젝트》 성경 공부 교재 시리즈를 발간할 수 있도록 인도하신 하나님께 감사드립니다. 험한 소리로 가득한 세상에 이 책을 디딤돌처럼 놓습니다. 우리 삶은 말씀을 만난 소리로 풍성해져야 합니다. 주님을 만난 기쁨의 소리, 진실 앞에서 탄식하는 소리, 죄를 씻는 울음소리, 소망을 품은 기도 소리로 가득해야 합니다.

《가스펠 프로젝트》는 신구약을 관통하는 예수 그리스도의 복음을 발견하고, 그 가르침을 삶에 적용하는 지혜를 얻도록 기획한 성경 공부 교재입니다. 어린아이부터 어른에 이르기까지 생애주기에 따른 복음 메시지를 잘 배울 수 있습니다. 또한, 거짓 진리가 미혹하는 이 시대에 건강한 신학과 바른 교리로 말씀을 조명하여 성도의 신앙이 좌로나 우로나 치우치지 않도록 돕습니다.

두란노서원은 지금까지 "오직 성경, 복음 중심, 초교파적 관점"을 바탕으로 한국 교회와 성도를 꾸준히 섬겨 왔습니다. 오직 성경의 정신에 입각해 책과 잡지를 출판해 왔으며, 성경에 근거한 복음 중심의 신학을 포기한 적이 없습니다. 그리고 교단과 교파를 초월하여 교회와 성도가 하나님 나라를 바라볼 수 있도록 돕기 위해 노력해 왔습니다. 《가스펠 프로젝트》는 두란노가 지켜 온 세 가지 가치를 충실하게 담은 책입니다.

성경은 구원을 위한 책이며, 구원사의 주인공은 예수 그리스도입니다. 창세기부터 요한계시록까지 오직 예수 그리스도의 복음만을 전하는 《가스펠 프로젝트》 성경 공부 교재를 통해 복음의 은혜와 진리를 깊이 경험하고, 복음 중심의 삶이 마음 판에 새겨지기를 바랍니다. 그리고 예수 그리스도 복음에 굳게 선 한 사람의 영향력이 가정과 교회와 사회에 흘러감으로써 거룩한 하나님 나라가 확산되어 가기를 소망합니다.

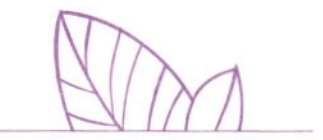

감수사

김병훈

합동신학대학원대학교
조직신학 교수

두란노가 출간하는 《가스펠 프로젝트》는 무엇보다 전통적으로 교회가 풀어 온 흐름을 충실히 따라 성경을 해설하고 있습니다. 그리고 그 방향은 궁극적으로 예수 그리스도를 향해 나아가고 있습니다. 이것은 예수님이 구약과 신약의 모든 성경이 자신을 가리키고 있다고 하신 말씀에 비추어 매우 타당합니다. 게다가 그리스도 중심적 해설을 무리하게 전개하지 않습니다. 각 본문에서 하나님의 구원 언약과 그것을 실현하시는 하나님을 드러내면서, 그리스도의 예표적 설명이 가능한 사건을 놓치지 않고 풀어내고 있습니다.

성경 공부 교재는 명시적으로 혹은 암시적으로 제시하는 교리적 진술이 교리 체계상 건전해야 합니다. 《가스펠 프로젝트》는 건전성을 확인할 수 있도록 일목요연하게 교리를 제시하는데, 이는 교파를 막론하고 예수 그리스도의 복음에 충실한 복음주의 교회들에게 환영받을 만합니다. 물론 교파마다 약간의 이견을 갖는 부분이 있을 수 있겠지만 각 교회에서 교재를 활용하는 데는 무리가 없을 것입니다. 또 학습한 내용을 핵심 교리와 연결해 줌으로써 그리스도의 복음과 관련한 교리적 이해를 강화시켜 주는 특징이 있습니다. 《가스펠 프로젝트》의 훌륭한 장점은 학습자를 하나님과 그리스도의 복음으로 이끌고 신앙과 삶을 돌아보도록 하는 적용의 적실성과 훈련 효과입니다. 본문을 적용해 볼 수 있을 뿐 아니라 선교적 안목을 깨닫게 해 주는 질문을 더해 주어 큰 유익을 주고 있습니다.

이 교재는 예수 그리스도의 구원 사역을 보여 주는 두 사건에 초점을 맞추었습니다. 하나는 그분의 백성을 구원하기 위해 '낮아지신' 탄생 사건이며, 다른 하나는 구원 사역을 완성하고 다시 영광 받으며 '높아지신' 부활 사건입니다. 《가스펠 프로젝트》를 통해 성경 전체를 공부하면서, 추가적으로 예수 그리스도의 탄생과 부활에 관련한 교훈을 성탄 기념일과 부활 기념일 즈음에 공부하는 것은 아주 유익합니다.

추천사

✝   하나님의 말씀과 복음은 생명을 살리고 힘 있게 하는 능력이 있습니다. 그래서 사역 현장에서는 그것을 효율적으로 전해 주고 가르칠 수 있는 좋은 방법과 교재에 늘 목말라합니다. 그런 점에서 연령대에 맞게 체계적으로 준비되어 사역 현장의 필요를 잘 충족해 줄 수 있는 교재가 출간되어 기쁩니다. 사역 현장에서 유용하게 활용되어 복음의 생명력과 역동성을 누리게 되기를 기대하며 추천합니다.

김운용 _ 장로회신학대학교 실천신학 교수

✝   《가스펠 프로젝트》 유치부 교재는 유아에게 성경을 좀 더 효과적으로 가르칠 수 있도록 돕는 교재입니다. 성경 전체에서 끊임없이 말하고 있는 '예수 그리스도'를 유아기에 꼭 맞는 교수 방법으로 소개해 유아에게 예수님과의 행복한 만남을 선물할 것입니다. 또한 《가스펠 프로젝트》는 가정과의 연계 교육이 매우 중요한 유아기에 부모와 긴밀하게 상호 작용할 수 있도록 구성되어 있습니다. 전 연령에 맞는 교재가 구비되어 있기 때문에 모든 가족, 더 나아가 모든 교회의 구성원이 같은 말씀으로 대화를 나눌 수 있습니다. 이 교재를 통해 다음 세대가 인생에 꼭 필요한 '예수 그리스도의 복음'의 토대 위에서 은혜 안에 자라 가기를 바랍니다.

이영희 _ 카도쉬비전센터 이스라엘교육연구원 대표, 《토라 태교》 저자

✝   두란노서원은 오랫동안 어린이용 성경 큐티 자료집의 발간을 통해 어린이들이 가정에서 부모와 함께 성경을 읽고 묵상할 수 있는 주요한 사역을 감당해 왔습니다. 이제 두란노서원의 《가스펠 프로젝트》의 발간으로 아이들이 교회에서는 교회학교 교사와, 가정에서는 부모와 성경을 공부해 복음적 삶의 변화를 가져올 수 있게 됨을 축하합니다. 《가스펠 프로젝트》는 교회학교 교사가 아이들에게 말씀을 효과적으로 가르칠 수 있는 교수 매체로서, 아이들과 함께 다양한 놀이 및 활동을 할 수 있도록 안내합니다. 유치부가 사용할 교재의 삽화는 성경의 주요 본문에 가까워 성경의 본문 내용을 이해하도록 하는 데 도움을 줍니다. 또한 활동 자료는 아이들의 발달 수준에 적절합니다. 《가스펠 프로젝트》를 사용하는 교회학교 교사, 부모, 아이들이 예수 그리스도를 배우고 본받아 하나님이 주신 사명을 실천할 수 있기를 바랍니다.

장화선 _ 안양대학교 기독교교육과 교수

 성탄절

하나님은 아들인 예수님을 이 땅에 보내시면서 초라한 환경에서 아기로 태어나게 하셨습니다. 예수님은 평범한 아기가 아니셨습니다. 예수님은 하나님의 백성을 죄에서 구원하실 분입니다. 크리스마스는 하나님이 예수 그리스도라는 가장 위대한 선물을 주신 일을 축하하는 날입니다.

왕을 기다려요

천사가
마리아와 요셉에게
나타났어요

동방 박사들이
왕께 경배했어요

예수님이
태어나셨어요

별을 따라서

카운트다운 영상**(지도자용 팩)**은 예배 대형으로 모이거나 대형을 바꾸며 준비할 시간을 알리는 데
활용한다. 익숙해질 때까지 중간에 남은 시간을 알리는 것도 좋다.
예) "1분 전입니다", "30초 전입니다. 마음을 가다듬고 기도하며 하나님께 나아갑시다" 등.

하나님의 사랑이 우리에게 이렇게 나타난 바 되었으니 하나님이 자기의 독생자를 세상에 보내
심은 그로 말미암아 우리를 살리려 하심이라(요일 4:9).

요한일서 4:9

원곡 : 구원 열차

작곡 : anonymous
편곡 : 김효정

보통 빠르기

1 왕을 기다려요

주제 이사야는 이 땅에 오실 *구세주에 관해 *예언했어요.

예수님 생각하기 예수님이 이 땅에 태어나시기 오래전 선지자 이사야는 '오셔서 영원히 다스리실 왕' 예수님에 관해 하나님의 백성에게 이야기했어요. 예수님은 하나님이 보내겠다고 약속하신 왕이에요. 예수님은 이 모든 예언을 이루셨어요.

단원 암송 요일 4:9

성경의 초점 예수님이 이 땅에 오신 이유는 무엇인가요?
예수님은 우리를 죄에서 구원하기 위해 이 땅에 오셨어요.

★ 구세주 : 우리를 죄에서 구원해 주실 주님
★ 예언 : 하나님으로부터 받은 말씀을 전하는 일

이사야의 이름은 '여호와는 구원이시다'라는 뜻입니다. 예수님이 태어나시기 700여 년 전, 웃시야왕의 통치가 끝날 즈음 하나님은 이사야를 선지자로 부르셨습니다. 이사야가 유다 백성에게 하나님의 말씀을 전할 당시 유다 왕국은 매우 부유했습니다. 하지만 백성은 하나님을 따르지 않았습니다. 그들은 거짓 우상들을 숭배하고, 서로 속였으며, 가난한 자들을 학대했습니다.

이사야는 유다 역사상 중요한 시기에 백성에게 하나님의 말씀을 전했습니다. 웃시야왕이 죽은 후 백성은 두려움에 떨었습니다. 그들은 적의 공격에 취약했고, 새 왕은 이상적인 왕과는 거리가 멀었습니다. 이사야는 예언을 통해 하나님이 심판하실 것이라고 경고했지만, 동시에 희망의 메시지도 전했습니다. 언젠가 하나님이 하나님께 신실한 자들을 구원하실 것이라고 선포했습니다.

가장 놀라운 것은 이사야의 예언이 예수님의 탄생과 고난, 죽음까지 구체적으로 묘사했다는 사실입니다. 예수님도 이사야의 글을 언급하며 자신이 바로 성경이 예언한 자라고 말씀하셨습니다.

●● 티칭 포인트

아이들을 가르칠 때, 이사야 선지자가 말한 하나님의 약속을 예수님이 어떻게 이루셨는지 이해할 수 있도록 도와주십시오. 하나님은 다윗의 아버지인 이새의 가문에서 왕이 나오게 하겠다는 약속을 지키셨습니다(눅 3:23~32 참조). 주님의 영이 예수님께 임하셨습니다(마 3:16~17 참조). 예수님은 지혜가 충만하셨습니다(눅 2:40 참조). 예수님은 모든 민족을 구원하기 위해 오셨습니다(행 13:47~48 참조).

하나님은 이사야의 예언을 통해 그 시대 사람들에게만 말씀하신 것이 아닙니다. 오늘날을 사는 우리에게 말씀하신 것이기도 합니다. 예수님이 이 땅에 오시기 수백 년 전에 이사야는 예수님이 어떻게 태어나시고, 고난당하시고, 하나님 백성의 죄를 씻기 위해 죽으실 것인지 이야기했습니다. 우리는 왕이신 예수님이 다시 오셔서 영원히 다스리실 날을 기다립니다. 예수님은 약속된 구세주이십니다. 예수님은 모든 예언을 이루실 것입니다.

왕을 기다려요

사 11:1~10

유다 백성은 두려움에 떨었어요. 그들의 왕 웃시야가 죽었기 때문이에요. 새 왕은 나쁜 왕이었고, 원수들은 하나님의 백성을 해치려고 했어요. 하지만 하나님은 하나님의 백성과 함께 계시면서 계획을 세우셨어요.

하나님은 앞으로 생길 멋진 일에 대해 사람들에게 이야기하려고 이사야라는 선지자를 보내셨어요. 이사야는 "왕이 오십니다!"라고 말했어요.

이사야는 그 왕이 어떤 분이신지, 구세주이신 왕이 하나님의 백성을 구원하기 위해 오시면 어떻게 될지 사람들에게 이야기했어요. "이새의 집안에서 왕이 나실 것입니다. 그분은 영원한 왕이 되실 것입니다"라고 말했어요. 이새는 다윗왕의 아버지예요. 하나님은 다윗 집안에서 영원한 왕이 나올 것이라고 약속하셨어요. 하나님은 언제나 약속을 지키세요!

이사야는 "하나님의 영이 그분과 함께 계시면서 그분을 도우실 것입니다. 그분은 지혜롭고 총명하실 것입니다. 그분은 하나님을 알고 공경하실 것입니다"라고 말했어요. 이사야는 그 왕은 언제나 옳은 일을 하실 것이라고 말했어요. 왕은 공정하실 것이고, 하나님이 하겠다고 하신 일을 하실 거예요.

이사야는 왕이 평화를 가져오실 것이라고 말했어요. 그분이 다스리시는 왕국에서는 이리(늑대)가 어린양과 함께 살고, 표범이 어린 염소와 나란히 누울 거예요. 송아지와 어린 사자들이 함께 있고, 어린아이가 그들을 이끌 거예요. 사자가 소처럼 풀을 먹고, 젖먹이가 뱀 옆에서 놀 거예요. 하지만 이 중 어떤 동물도 사람이나 다른 동물을 죽게 하거나 해치지 않을 거예요.

또한 이사야는 "이 땅의 모든 사람이 하나님을 알게 될 것입니다. 장차 이 왕이 세상 모든 사람을 모으실 것입니다. 모든 사람이 그분께 오고, 그분은 멋진 왕이 되실 것입니다"라고 말했어요.

● ● 예수님 생각하기

예수님이 이 땅에 태어나시기 오래전 선지자 이사야는 '오셔서 영원히 다스리실 왕' 예수님에 관해 하나님의 백성에게 이야기했어요. 예수님은 하나님이 보내겠다고 약속하신 왕이에요. 예수님은 이 모든 예언을 이루셨어요.

가스펠
준비

환영해요

"낮은 곳에 임하신 왕"(지도자용 팩)을 튼다. 아이들을 반갑게 맞이하며 헌금과 기도를 도와준다. 예배 중 헌금 순서가 있다면 아이들이 헌금을 잘 간수하도록 돕는다. 가방과 외투를 정리하도록 안내한다. 새로 온 아이가 있다면 음수대와 화장실의 위치를 알려 주고, 보호자와 만나는 시간과 방법 등을 소개한다. 보호자들을 위한 안내문을 붙여 아이와 만나는 시간, 기다리는 장소, 헌금 방법, 아이에 대한 특별한 주의 사항을 교사에게 미리 알려 달라는 당부 등을 공지한다.

마음 열기

주제와 관련 있는 퍼즐이나 블록 등 아이들이 좋아하는 장난감을 몇 가지 비치해 두고 다양한 활동을 하며 예배를 준비하거나 예배 장소 및 친구들과 익숙해지도록 돕는다. 아이들이 마음을 열고 오늘의 주제에 관심을 갖게 하며 예배에 집중할 수 있도록 도와준다. 교회 형편에 맞게 시간과 활동 방법을 조절한다.

동물에 관한 책을 읽어요 ✱

준비물 ▶ 동물에 관한 그림책들

❶ 아이들이 읽을 수 있도록 동물에 관한 그림책들을 놓아 둔다.

❷ 아이들이 동물에 관한 그림들을 살펴볼 때 동물들이 서로 어떻게 싸우는지, 또 인간에게 얼마나 위험한지 이야기를 나누어 보게 한다.

❸ ❷처럼 된 이유는 이 세상에 죄가 들어왔기 때문이라고 설명해 준다.

> **인도자** 오늘의 성경 이야기에서 이사야 선지자는 미래에 일어날 일에 대해 예언했어요. 그는 이리가 어린양과 함께 살고, 표범이 어린 염소와 나란히 누울 것이라고 했어요. 송아지와 어린 사자들이 함께 있고, 어린아이가 그들을 이끌 거예요. 사자가 소처럼 풀을 먹고, 젖먹이가 뱀 옆에서 놀 거예요. 하지만 이 중 어떤 동물도 사람이나 다른 동물을 죽게 하거나 해치지 않을 거예요. 어떻게 이런 일이 가능할까요? 오늘의 성경 이야기를 들으면서 알아보아요.

아기를 잘 돌보아 주어요 ✱

준비물 ▶ '아버지' 역할에 필요한 의상(넥타이, 양복 상의, 가짜 수염 등),
아기 인형, 아기 침대, 담요, 장난감 음식, 소꿉놀이 도구

❶ 자원하는 아이에게 '다윗의 아버지' 역할을 맡기고 '아버지' 역할에 필요한 의상으로 갈아입힌다.

❷ 아이들에게 아기 인형을 보여 주면서 '아기 다윗'이라고 말해 준다.

❸ '다윗의 아버지'에게 '아기 다윗'을 잘 재우고, 먹이고, 키워 달라고 이야기한다. 나중에 다윗의 집안에서 영원한 왕이 태어나실 것이라고 말해 준다. 나머지 아이들에게는 '다윗의 아버지'를 돕는 역할을 맡긴다.

인도자 이사야는 이 땅에 오실 구세주에 관해 예언했어요. 그는 구세주가 이새의 집안에서 나올 것이라고 말했어요. 이새는 다윗왕의 아버지예요. 하나님은 다윗왕의 집안에서 태어난 누군가가 영원한 왕이 될 것이라고 약속하셨어요. 예수님을 보내시면서 하나님은 그 약속을 지키셨어요! 오늘의 성경 이야기를 통해 이사야가 말한 예수님에 대해 알아보아요.

예배 대형으로 모이기

- 카운트다운 영상, 모이기 노래 등을 활용해 예배 대형으로 바꾸고 마음을 준비하게 한다.
- 공간을 이동해야 한다면 "구세주, 왕을 찬양하라"라고 말하거나 소리치며 가도록 한다.

가스펠 설교

하나 — 들어가기

아이들이 모두 장난감 왕관을 써 볼 때까지 기다린다.

유다에 있던 하나님의 백성은 무서웠어요. 새 왕은 좋은 왕이 아니었고, 원수들이 하나님의 백성을 해치려고 했거든요. 하지만 하나님은 하나님의 심부름꾼을 보내셔서 뭔가 멋진 일이 일어날 것이라고 말씀하셨어요! 이제 그 일이 무엇인지 알아보아요.

둘 — 성경 이야기

이사야 11장을 편다. 설교 영상(지도자용 팩)을 보여 주거나 이야기 성경을 들려준다.

성경은 미래에 일어날 일들에 관해 이야기해요. 성경은 하나님의 말씀이고, 하나님의 말씀은 진짜이기 때문에 성경에 나온 말들은 모두 이루어질 거예요. 오늘의 성경 이야기는 구약성경 중에서 '이사야서'에 나와요.

셋 — 메시지와 정리

예수님이 이 땅에 태어나시기 오래전 선지자 **이사야는 이 땅에 오실 구세주에 관해 예언했어요.** 예수님은 하나님이 보내겠다고 약속하신 왕이세요. 예수님은 이 모든 예언을 이루셨어요.

'가스펠 프로젝트_하나님의 구원 계획' 영상(지도자용 팩)을 보여 주고 오늘의 성경 이야기도 하나님의 거대한 구원 계획의 한 부분에 속하는 이야기임을 상기시킨다. 연대표(지도자용 팩)를 가리키면서 복습 질문을 한다.

1. 하나님이 하나님의 백성에게 왕이 오신다고 이야기하라고 보내신 선지자는 누구인가요? 이사야
2. 유다의 어느 집안에서 왕이 나시나요? 이새
3. 이새는 누구의 아버지인가요? 다윗왕
4. 오실 왕은 얼마나 오랫동안 다스리실까요? 영원히
5. 왕이 오시면 누가 하나님을 알게 될까요? 모든 사람

넷 — 성경의 초점

1단원의 '성경의 초점'은 **"예수님이 이 땅에 오신 이유는 무엇인가요?"**, **"예수님은 우리를 죄에서 구원하기 위해 이 땅에 오셨어요"**예요. 우리가 구원받아야 한다는 사실을 알았나요? 우리는 죄인이에요. 우리는 죄 때문에 하나님에게서 멀어졌어요. 하지만 왕이신 예수님이 우리의 죄를 대신해 벌을 받으셨어요. 왕이신 예수님을 믿을 때 우리는 영원히 안전해요.

다섯 — 복음 초청

아이들에게 '복음'이라는 말을 들어 본 적이 있는지 물어본다.

'복음'이라는 말을 들어 본 적이 있나요? 복음이란 '좋은 소식'이라는 뜻이에요. 우리에게 보내신 하나님의 좋은 소식이 무엇일까요?

성경과 61쪽 복음 초청 가이드를 이용해서 아이들에게 그리스도인이 되는 법을 설명해 준다. 따로 상담해 줄 사람을 정해 주고 궁금한 점이 있으면 물어보도록 격려한다.

이 시간 예수님을 믿고 마음에 모시고 싶은 친구는 함께 기도해요.

여섯 — 기도

예수님을 이 땅에 보내겠다는 약속을 이루어 주신 하나님, 감사해요! 왕이신 예수님을 믿으면 사자와 어린양이 함께 놀며 평안과 기쁨이 가득한 하나님 나라에서 살 수 있다는 기쁜 소식을 사람들에게 전하며 살래요. 예수님의 이름으로 기도합니다. 아멘.

일곱 — 암송송

성경에서 요한일서 4장 9절을 펴고 큰 소리로 여러 번 따라 읽게 한다.

1단원 암송 구절은 예수님이 하나님의 백성을 죄에서 구원하실 것이라고 이야기해요. 우리는 죄 때문에 하나님에게서 멀어졌어요. 하지만 예수님이 우리가 지은 죄의 벌을 대신 받기 위해 이 땅에 오셨어요. 우리는 예수님을 믿으면 하나님의 영원한 왕국에 들어가게 된답니다.

암송송(92쪽)에 맞추어 손유희를 하며 말씀을 익힌다.

"하나님의 사랑이 우리에게 이렇게 나타난 바 되었으니 하나님이 자기의 독생자를 세상에 보내심은 그로 말미암아 우리를 살리려 하심이라"(요일 4:9).

알콩달콩 말씀 놀이

오실 왕이 다스리시는 나라는?

1) 숨은그림찾기

준비물 ▶ 유치부 교재 4쪽, 색연필

이야기 나누기

- 왕은 무슨 일을 하나요?
- 왕이신 예수님이 다스리시는 나라는 어떠할까요?

❶ 그림에서 이상해 보이는 장면을 찾아 ○표하고, 그 이유를 나누어 보게 한다.

　tip　4개의 답(나란히 자고 있는 표범과 염소, 뱀과 함께 노는 어린아이, 풀을 함께 먹는 사자와 소, 나란히 걷는 이리와 어린양)
　　　이 아이들 눈에는 이상해 보이지 않을 수 있으니 답을 강요할 필요는 없다.

❷ 이사야 선지자는 오실 왕에 대해 어떻게 설명했는지 물어본다. 　보기　의 '예수님 상징' 그림들을 찾아 □표하고, 그 의미를 생각해 보라고 한다.

❸ 동물과 동물, 사람과 동물이 모두 평화롭게 살 수 있는 나라는 예수님이 왕이 되어 다스리시는 나라라고 이야기해 준다.

❹ 어떻게 하면 이처럼 평화로운 세상이 될 수 있는지에 대해 이야기를 나누고 마무리한다.

2) 왕관 만들기

준비물 ▶ 특별 부록 '왕관', 유치부 교재 4쪽, 41쪽 '예수님 상징' 스티커, '보석' 스티커, 셀로판테이프

❶ 이사야가 예언한 예수님에 관한 이야기들을 다시 들려준다. 예수님은 우리의 왕이심을 강조하고 특별 부록 '왕관'을 준비한다.

❷ 유치부 교재 41쪽 '보석' 스티커로 장식하고, '예수님 상징' 스티커를 하나씩 떼어 왕관에 붙이며 평화로운 나라를 다스리시는 왕이신 예수님을 생각해 보자고 한다.

❸ 왕관 끝부분을 머리둘레에 맞게 조절해 셀로판테이프로 붙여 왕관을 완성한 후 왕이신 예수님을 기억하자고 강조한 뒤 머리에 쓰게 한다.

 이사야는 이 땅에 오실 구세주에 관해 예언했어요. 구세주는 이 땅에 오셔서 영원히 다스리실 왕이시라고 하나님의 백성에게 이야기했지요. 이 왕국에서는 어떤 동물도 다른 동물이나 사람을 해치거나 죽게 하지 않을 거예요. 사람들은 죄에서 구원받고, 공정한 심판이 이루어질 거예요. 예수님은 앞으로 올 새로운 왕국의 왕이세요. 세상을 다시 올바르게 만들 왕이 오시면 온 세상 모든 사람이 왕께 나아오고, 이 땅의 모든 사람이 하나님을 알게 될 거예요. 왜냐하면 예수님은 온 세상을 죄로부터 구원하고 올바르게 다스릴 '의와 평화의 왕'이시기 때문이에요. 하나님은 예수님을 보내셔서 구세주에 대한 약속을 지키셨어요! 예수님은 의와 평강의 왕이세요!

예수님을 기다려요

1) 약속 장식 만들기

이야기 나누기
- 힘이 들 때 누군가 도와주러 오고 있다는 말을 들으면 기분이 어떨까요?
- 이사야는 유다 사람들에게 누가 오신다고 예언했나요?
- 예수님은 왜 우리에게 오셨나요?

❶ 유치부 교재 27쪽 '약속 장식' 그림을 하나씩 살펴보면서 하나님이 우리를 구원하기 위해 구세주를 보내겠다고 하신 약속을 떠올리게 한다.

❷ 그림을 뜯어내고, 위쪽 구멍도 깨끗하게 제거한다. 그림에 빵끈이나 리본 끈을 끼워 고리를 만들어 '약속 장식'을 완성하게 한다.

❸ 크리스마스 트리나 벽에 ❷를 걸어 장식하게 한다.

   tip 그림에 그려진 별의 갯수에 따라 차례로 포개고 긴 줄을 달아 목걸이로 활용해도 좋다.

2) 크리스마스 카드 꾸미기

❶ 아이들에게 예수님이 이 땅에 구세주로 태어나셨다는 소식을 전하고 싶은 친구가 있는지 생각해 보자고 한다.

❷ 유치부 교재 29쪽 '크리스마스 카드'를 떼어 반으로 접고 유치부 교재 27쪽 '하트 장식'을 이용해 화환 모양을 꾸미게 한다.

❸ 리본 끈으로 만든 리본 또는 41쪽 '리본' 스티커를 붙여 장식하게 한다.

❹ 카드 안에 '예수님이 태어나셨어요'라고 따라 쓰게 한 뒤, ❶에서 생각한 친구에게 크리스마스 카드를 꼭 전해 주라고 이야기하며 활동을 마무리한다.

인도자 예수님이 이 땅에 태어나시기 오래전 선지자 **이사야는 이 땅에 오실 구세주에 관해 예언했어요.** 신실하신 하나님은 그 약속을 지키셨어요. 하나님이 보내겠다고 약속하신 왕이 바로 예수님이세요. 이사야의 예언대로 예수님이 이 땅에 오셨지만 이 소식을 모르는 사람들이 아직도 많아요. 구세주 예수님이 태어나신 크리스마스에 대해 알지 못하는 친구에게 우리가 정성껏 만든 크리스마스 카드를 전해 주어요. 그 친구도 하나님이 약속하신 구세주로 예수님이 오셨다는 사실을 알게 되면 좋겠어요. 하나님은 예수님을 하늘에서부터 이 땅으로 보내셨어요.

무엇이 옳고 그른지 판단해요 *

준비물 ▶ 빨간색 • 파란색 도화지, 사인펜, 투명 박스테이프

❶ 파란색 도화지에 'O', 빨간색 도화지에 'X'를 적어 둔다.

❷ 서로 마주보는 벽에 투명 박스테이프를 이용해 ❶의 도화지를 각각 붙여 둔다.

❸ 아이들에게 인도자가 외치는 행동을 듣고 '옳다'고 생각하면 파란색 도화지 'O' 표 앞으로, '틀리다'(그르다)고 생각하면 빨간색 도화지 'X' 표 앞으로 가서 서면 된다는 게임의 규칙을 설명해 준다.

예) "동생을 때려요", "좋아하는 장난감을 친구와 사이좋게 가지고 놀아요", "마음대로 되지 않으면 짜증을 내요", "부모님을 도와 빨래한 옷을 정리해요", "밖에 나갔다가 돌아오면 손을 씻어요", "양치질을 안 했는데도 했다고 말해요" 등.

인도자 **이사야는 이 땅에 오실 구세주에 관해 예언했어요.** 예수님이 이 땅에 태어나시기 오래전 선지자 이사야는 '오셔서 영원히 다스리실 왕'에 관해 하나님의 백성에게 이야기했어요. 이사야는 하나님의 영이 그 왕과 함께 있고, 왕은 언제나 옳은 일을 하실 것이라고 말했어요. 그 왕은 예수님이세요. 예수님은 하나님이 보내겠다고 약속하신 왕이에요. 예수님은 이 모든 예언을 이루셨어요.

이리와 양 놀이를 해요 *

❶ 자원하는 아이에게 '예수님' 역할을 맡기고 '예수님 왕관'을 씌워 준다. 인도자는 '이리 머리띠'를 하고 '이리' 역할을 맡고, 아이들은 '양 머리띠'를 하고 '양' 역할을 맡는다.

❷ '이리'와 '양'과 '예수님'은 인도자가 말하는 대로 따라서 행동하면 된다고 이야기한다.

    예) • 창조 : "하나님이 맨 처음 세상을 만드셨을 때는 이리와 양이 서로 손잡고 함께 놀았어요."

       • 타락 : "이 세상에 죄가 들어오자 이리와 양은 서로 사이가 나빠졌고, 이리는 양을 잡아먹으려고 하고 양은 도망을 다녔어요."

       • 구속 : "평화의 왕 예수님이 오셨어요."

       • 영생 : "모든 죄가 사라지고 다시 평화로운 하나님 나라가 되었어요. 이리와 양은 두 손을 잡고 빙빙 돌며 서로 사이좋게 지내고 예수님은 이리와 양을 안아주셨어요."

    tip 이리와 양이 사이좋게 노는 모습이나 사이가 나빠진 상황을 구체적으로 지시해 주는 것이 좋다. 예를 들면, "이리와 양이 서로 손뼉을 치며 놀았어요", "이리는 자고 있는 양 곁으로 몰래몰래 다가갔어요", "이리가 우~ 하고 소리 내어 울자 양은 눈을 뜨고 놀라서 달아났어요!" 등이다.

> **인도자** 하나님은 세상을 만드실 때 동물을 창조하시고는 좋다고 말씀하셨어요. 그런데 죄가 들어오면서 하나님이 창조하신 완벽한 세상이 바뀌었어요. 이제 어떤 동물들은 다른 동물이나 사람과 잘 지내지 못해요. 죽게 하거나 해치지요. **이사야는 이 땅에 오실 구세주, '오셔서 영원히 다스리실 왕'에 관해 예언했어요.** 이 왕국에서는 어떤 동물도 다른 동물이나 사람을 해치거나 죽게 하지 않을 거예요. 예수님은 앞으로 올 이 새로운 왕국의 왕이세요. 왕이신 예수님은 세상을 다시 올바르게 만드실 거예요.

예수님을 찬양해요 *

❶ 크리스마스 찬양 음원을 들려주면서 율동을 따라 하게 한다.

    예) "암송송", "메리 크리스마스", "동방박사 세 사람" 등.

❷ 리본 끈에 방울을 끼워 팔찌를 만들고 손뼉을 치며 찬양을 불러 본다.

❸ 리듬악기를 연주하며 찬양을 불러 본다.

> **인도자** 크리스마스 찬양은 하나님이 예수님을 이 땅에 보내심으로 우리를 위해 행하신 일을 기억하게 해요. **이사야는** 하나님의 위대한 구원 계획으로, **이 땅에 오실 구세주에 관해 예언했어요.** 그분은 바로 예수님이세요. 예수님은 삶과 죽음, 부활을 통해 하나님이 세상을 창조하시기 전부터 계획하신 구원 계획을 완성하셨어요. 예수님은 사람들을 죄에서 구원하려는 하나님의 계획을 이루기 위해 이 땅에 오셨어요. 우리 모두 우리에게 오신 예수님을 찬양하며 경배해요.

간식

❶ 카운트다운 영상, 정리하기 노래 등을 활용해 활동이 끝났음을 알린다. 아이들에게 주변을 정리하게 하고, 화장실에 가거나 물티슈 등을 이용해 손을 씻을 시간을 준다.

❷ 감사 기도를 드리고 사과를 얇게 썰어 간식으로 나누어 준다. 미리 썰어 두어 갈색으로 변한 사과 조각을 보여 주며 비교해 본다. 죄가 세상에 들어오자 모든 것이 나빠지기 시작했다고 설명한다. 이사야가 예언한 구세주에 관해 다시 한번 설명한다. 예수님이 만드신 새 왕국에서 살면 모든 것이 회복될 것이라고 알려 준다.

❸ 간식을 먹은 후 마무리 정리를 잘하도록 지도한다.

마무리

❶ 오늘 새롭게 알게 된 내용이나 기억에 남는 성경 이야기, 하나님께 하고 싶은 말 등에 대해 이야기를 나누고 나만의 기록장을 기록해 보게 한다. 메시지 카드(지도자용 팩)를 프린트해 사용해도 좋다.
  `tip` 시간 여건에 맞게 교회나 가정에서 기록할 수 있도록 지도한다.

❷ 가족 활동을 소개하고, 한 주 동안 가정에서 실천하도록 격려한다.

가족과 활동해요

- 가족 나들이를 하면서 세상을 자세히 살펴보세요. 예수님이 다스리시는 왕국에서는 어떻게 달라질지 상상해 보세요. (병원, 무덤, 경찰서, 죽은 나무 등은 없을 거예요.)
- 외국어 예배가 있는 교회를 찾아가서 예배를 드려 보세요. 예수님이 어떻게 전 세계에서 사람들을 모으실지 이야기해 보세요.

❸ 소그룹 활동지를 떼어 파일에 끼우고 가방에 정리하게 한다.

❹ 아이들의 기도 제목을 물어보고 기도로 마무리한다.

> **인도자** 하나님, 이사야에게 말씀하신 모든 것이 이루어져서 예수님을 이 땅에 보내주시고 우리를 죄에서 구원해 주셔서 감사해요. 이 세상 마지막 날에는 하늘로 올라가신 예수님이 다시 오심을 믿어요. 예수님의 이름으로 기도합니다. 아멘.

❺ 아이를 데리러 온 부모에게 아이가 특별히 즐거워했거나 잘했던 활동들에 대해 이야기해 주고, 가정에서 성경 읽기와 가족 활동을 진행할 수 있도록 격려한다.

나만의 기록장

평화로운 하나님 나라 상상하며 그리기

2

천사가 마리아와 요셉에게 나타났어요

[눅 1:26~56; 마 1:18~24]

주제 하나님이 예수님의 가족을 선택하셨어요.

예수님 생각하기 예수님이 태어나시기 전에 많은 선지자가 예수님에 관해 예언했어요. 그 예언은 모두 이루어졌지요. 하나님은 이 세상을 창조하시기 전부터 예수님을 이 땅에 보낼 계획을 갖고 계셨어요. 예수님은 이 땅에 오셔서 하나님의 계획을 이루시고 사람들을 죄에서 구원하셨어요.

단원 암송 요일 4:9

성경의 초점 예수님이 이 땅에 오신 이유는 무엇인가요?
예수님은 우리를 죄에서 구원하기 위해 이 땅에 오셨어요.

사람들은 오랫동안 예수님을 기다렸습니다. 하나님은 에덴동산에서 여자의 후손이 뱀의 후손을 정복할 것이라고 말씀하시며 예수님이 오실 것을 암시하셨습니다(창 3:15 참조). 선지자들은 예수님이 태어나시기 수백 년 전부터 예수님의 오심을 선포했습니다. 하나님은 하나님의 백성이 하나님께 돌아오게 하려는 계획을 실행하고 계셨습니다.

성경에서 하나님은 종종 천사를 통해 사람들에게 말씀하셨습니다.

창세기 18장에서 천사가 아브라함에게 하나님의 말씀을 전했습니다. 민수기 22장에서는 하나님의 사자가 발람에게 말씀을 전했습니다. 이번 성경 이야기는 천사가 이 땅에서 예수님의 부모가 될 마리아와 요셉에게 각각 나타나 하나님이 약속하신 메시아가 탄생하실 것이라는 소식을 전하는 내용입니다.

하나님은 은혜로 마리아를 예수님의 어머니로 택하셨습니다. 천사 가브리엘이 마리아에게 전한 소식은 놀라운 것이었습니다. 약속된 메시아에 관해 많은 것을 알려 주었습니다.

먼저, 예수님은 존재와 성품에 있어서 탁월한 분이 되실 것입니다. 예수님은 가장 높은 분의 아들이라고 불리실 것입니다.

예수님은 하나님의 아들이시며 주 하나님은 예수님께 그의 조상 다윗의 왕좌를 약속하셨습니다. 천사의 소식은 사무엘하 7장 12~16절에 기록된 다윗에게 약속된 예언을 성취하는 것이었습니다. 예수님은 야곱의 집을 영원히 다스리실 것입니다. 그분의 나라는 무궁할 것입니다.

예수님이 이 땅에 오신다는 소식이 복음인 이유는 예수님이 오시는 목적 때문입니다. 마태복음 1장 21절에서 천사는 "그가 자기 백성을 그들의 죄에서 구원할 자이심이라"라고 예수님이 오신 목적을 말합니다. 복음은 하나님이 그리스도를 통해 우리를 위해 하신 일에 관한 기쁜 소식입니다.

● ● 티칭 포인트

그러나 예수님의 탄생이 복음의 시작은 아닙니다. 하나님은 창세전부터 이 순간을 계획하셨습니다(엡 1:3~10 참조). 하나님의 계획은 죄인들을 구원하고 하나님께 다시 데려오는 데 있다는 것을 아이들이 이해하도록 도와주십시오. 예수님의 이름은 '하나님이 구원하신다'라는 뜻이며, 예수님은 그 계획의 정점에 계십니다.

천사가 마리아와 요셉에게 나타났어요

눅 1:26~56; 마 1:18~24

어느 날 하나님은 가브리엘이라는 천사를 나사렛이라는 동네에 보내셨어요. 천사는 젊은 아가씨인 마리아를 만났어요. 마리아는 다윗의 후손인 요셉과 결혼하기로 약속한 상태였어요. 천사가 마리아에게 말했어요. "기뻐하라! 너는 하나님께 은혜를 입었다. 하나님이 너와 함께 계신다." 마리아는 너무 무섭고 혼란스러웠어요. 왜 하나님이 자신에게 은혜를 주셨을까요? 무언가 특별한 일을 한 적이 없는데요. 천사는 마리아에게 "무서워 말아라"라고 말했어요. 천사는 마리아가 매우 특별한 아기를 갖게 될 것이며, 아기의 이름은 '예수'라고 말했어요.

마리아가 천사에게 말했어요. "어떻게 이런 일이 생길 수 있나요?" 천사가 계속해서 말했어요. "하나님께는 불가능한 일이 없다!" 천사는 마리아의 친척인 엘리사벳도 아기를 가졌다고 말했어요. 엘리사벳은 나이가 많았고 그동안 아기를 갖지 못했거든요. 마리아가 대답했어요. "주의 여종이오니 말씀대로 내게 이루어지기를 원합니다." 그리고 천사는 떠났어요.

마리아는 서둘러 엘리사벳의 집으로 갔어요. 마리아가 도착하자 엘리사벳의 배 속에 있던 아기가 기뻐 뛰놀기 시작했어요! 엘리사벳이 성령의 충만함을 받아 말했어요. "마리아야, 네가 복이 있으며, 네 배 속의 아기도 복이 있도다!" 마리아는 정말 기뻤어요. 그리고 하나님의 위대하심을 찬양했어요.

마리아는 하나님이 예수님을 통해 하실 놀라운 일들로 인해 자신의 모든 후손이 복을 받게 될 것을 알았어요. 하나님은 예수님을 통해 세상을 축복하겠다는 하나님의 약속을 지키실 거예요. 마리아는 엘리사벳의 집에서 세 달을 머문 후 집으로 돌아갔어요.

요셉은 마리아가 아기를 가진 것을 알게 되었고, 그 아기가 요셉의 아기가 아니라는 것도 알았어요. 마리아와 요셉은 아직 결혼하지 않았거든요! 얼마 후에 하나님의 천사가 요셉의 꿈에 나타났어요. "요셉아!" 천사가 말했어요. "마리아를 네 아내로 데려오는 일을 겁내지 말아라. 마리아는 아들을 낳을 것이다. 그 아기의 이름을 '예수'라 하라. 이는 그가 하나님의 백성들을 죄에서 구원하실 것이기 때문이다!" 요셉은 꿈에서 깨어나서 천사가 명령한 대로 했어요. 요셉은 마리아와 결혼했고, 아들이 태어나자 이름을 '예수'라고 지었어요.

●● 예수님 생각하기

예수님이 태어나시기 전에 많은 선지자가 예수님에 관해 예언했어요. 그 예언은 모두 이루어졌지요. 하나님은 이 세상을 창조하시기 전부터 예수님을 이 땅에 보낼 계획을 갖고 계셨어요. 예수님은 이 땅에 오셔서 하나님의 계획을 이루시고 사람들을 죄에서 구원하셨어요.

싱글벙글 😊 — 환영해요

"낮은 곳에 임하신 왕"(지도자용 팩)을 튼다. 아이들을 반갑게 맞이하며 헌금과 기도를 도와준다. 예배 중 헌금 순서가 있다면 아이들이 헌금을 잘 간수하도록 돕는다. 가방과 외투를 정리하도록 안내한다. 새로 온 아이가 있다면 음수대와 화장실의 위치를 알려 주고, 보호자와 만나는 시간과 방법 등을 소개한다. 보호자들을 위한 안내문을 붙여 아이와 만나는 시간, 기다리는 장소, 헌금 방법, 아이에 대한 특별한 주의 사항을 교사에게 미리 알려 달라는 당부 등을 공지한다.

너랑 나랑 😊 — 마음 열기

주제와 관련 있는 퍼즐이나 블록 등 아이들이 좋아하는 장난감을 몇 가지 비치해 두고 다양한 활동을 하며 예배를 준비하도록 돕는다. 아이들이 마음을 열고 오늘의 주제에 관심을 갖게 하며 예배에 집중할 수 있도록 도와준다. 교회 형편에 맞게 시간과 활동 방법을 조절한다.

선물 상자를 꾸며요 ✳ ┄┄ 준비물 ▶ 다양한 상자, 크리스마스 분위기의 리본 끈, 셀로판테이프, 꾸미기 도구(사인펜, 색연필 등)

❶ 아이들에게 다양한 상자 중에서 하나씩 고르라고 한다.

❷ 꾸미기 도구를 이용해 ❶을 '크리스마스 선물 상자'로 꾸미고, 리본 끈으로 장식하라고 한다.

> tip 선물 상자는 크리스마스를 장식하는 데 활용할 수 있다. 또는 미리 예수님께 드리는 선물을 각자 준비해 오도록 하고, 선물 상자에 담아 이웃에게 나누어 주는 활동으로 연계하면 좋다.

> 인도자 우리는 우리가 가져온 선물을 이 크리스마스 선물 상자에 담을 수 있어요. 그리스도인들은 예수님이 태어나신 날인 크리스마스에 하나님의 사랑에 감사하고 그 사랑을 전하기 위해 선물을 주고받곤 하지요. 하지만 하나님이 우리에게 주신 선물 중에 상자에 담을 수 없는 가장 중요한 선물이 있어요! 바로 예수님이지요! 자기 백성을 구원하기 위해 아기로 오신 예수님께도 엄마, 아빠가 필요했어요. 하나님이 누구를 예수님의 엄마, 아빠로 부르셨는지 오늘의 성경 이야기를 잘 듣고 알아보아요.

크리스마스 트리를 꾸며요 ✱ ------- 준비물 ▶ 크리스마스 트리(장식 전구), 다양한 트리 장식(반짝이, 방울 등), 카메라

❶ 예배실을 장식할 크리스마스 트리를 준비한다.

❷ ❶에 다양한 트리 장식을 붙인다.

    tip 금지, 은지로 별을 오리거나 종이 접기로 장식을 만드는 것도 좋다.

❸ 장식을 마치면 크리스마스 트리 앞에서 기념 촬영을 하고, 홈페이지나 SNS를 이용해 사진을 공유한다.

> **인도자** 그리스도인들은 예수님이 태어나신 날인 크리스마스를 기다리며 온 세상을 구원하기 위해 오신 구세주 예수님의 소식을 기뻐하고 또 전하기 위해 크리스마스 트리를 장식해요. 크리스마스 트리를 볼 때마다 우리를 위해 예수님을 보내 주신 하나님의 사랑을 생각하고 예수님이 오신 것을 기뻐하기로 해요. 오늘의 성경 이야기에서는 예수님이 이 땅에 오신다는 기쁜 소식을 들은 사람들을 만날 거예요. 함께 들어 보아요.

 **예배 대형으로 모이기**

- 카운트다운 영상, 모이기 노래 등을 활용해 예배 대형으로 바꾸고 마음을 준비하게 한다.
- 공간을 이동해야 한다면 크리스마스 찬송을 부르며 가도록 한다.

가스펠 설교

하나 — 들어가기

아기에게는 사랑하고 돌보아 줄 부모님이 필요하다고 이야기한다. 인도자나 교사들의 어린 시절 사진을 보여 주면서 아기는 자라서 어린이가 되고 어른이 된다는 것을 이해하게 도와준다.

우리 모두는 아기로 태어났어요. 아기들은 돌보아줄 엄마와 아빠가 필요해요. 하나님은 예수님의 부모를 선택하시고 예수님을 이 땅에 아기로 보내셨어요.

둘 — 성경 이야기

누가복음 1장을 편다. 설교 영상(지도자용 팩)을 보여 주거나 이야기 성경을 들려준다.

하나님은 성경에 하나님의 말씀을 담아 주셨어요. 성경에 나오는 모든 이야기는 실제로 일어난 일이에요. 성경은 진리거든요. 성경은 세상에서 가장 중요한 책이에요. 오늘의 성경 이야기는 신약성경에서 '마태복음'과 '누가복음'에 나와요.

셋 — 메시지와 정리

하나님의 아들이신 예수님은 세상이 창조되기 전부터 하나님과 함께 계셨어요. 그리고 하나님은 세상을 창조하시기 전부터 예수님을 이 땅에 보내 사람들을 죄에서 구원할 계획을 갖고 계셨어요. **하나님은** 이 땅에서 **예수님의 가족을 선택하셨어요.** 마리아와 요셉을 부모로 선택하셨지요. 하나님은 예수님을 보내심으로 아브라함의 후손을 통해 세상을 축복하겠다고 하신 약속을 지키셨어요.

연대표(지도자용 팩)를 가리키면서 복습 질문을 한다.

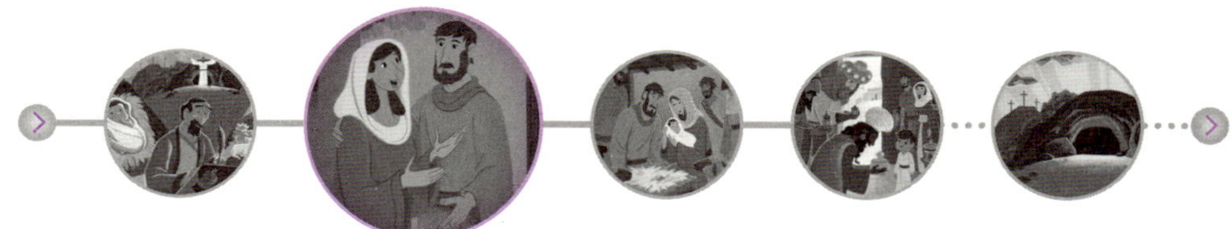

1. 하나님은 마리아에게 어떤 특별한 일을 주셨나요? 예수님의 어머니가 되는 것
2. 마리아는 천사의 말을 듣고 나서 누구를 만나러 갔나요? 친척인 엘리사벳
3. 마리아와 요셉은 하나님의 계획에서 어떤 부분을 맡게 되었나요? 예수님의 이 땅에서의 부모가 되는 것
4. 예수님은 누구의 아들이신가요? 하나님
5. 예수님은 무엇을 하기 위해 세상에 오셨나요? 사람들을 죄에서 구원하는 일

넷 — 성경의 초점

예수님이 태어나시기 전에 많은 하나님의 선지자가 예수님의 탄생에 대해 예언했어요. 예수님에 대한 예언들은 모두 이루어졌어요. 1단원의 성경의 초점은 **"예수님이 이 땅에 오신 이유는 무엇인가요?"**, **"예수님은 우리를 죄에서 구원하기 위해 이 땅에 오셨어요"**예요. 하나님은 예수님을 하늘에서부터 이 땅에 보내셔서 사람들을 죄에서 구원하셨어요. 사람들을 죄에서 구원하는 일은 하나님의 아들만이 하실 수 있어요. 예수님은 삶과 죽음, 부활을 통해 하나님이 세상을 창조하기 전부터 계획하셨던 구원의 계획을 이루셨어요. 예수님은 사람들을 죄에서 구원하시려는 하나님의 계획을 이루기 위해 이 땅에 오셨어요.

다섯 — 복음 초청

성경과 61쪽 복음 초청 가이드를 이용해서 아이들에게 그리스도인이 되는 법을 설명해 준다. 따로 상담해 줄 사람을 정해 주고 궁금한 점이 있으면 물어보도록 격려한다.

이 시간 예수님을 믿고 마음에 모시고 싶은 친구는 함께 기도해요.

여섯 — 기도

하나님, 예수님을 이 땅에 보내 주셔서 우리의 죄를 용서해 주시고 구원해 주셔서 감사드려요. 하나님은 마리아와 요셉을 예수님의 부모로 선택하시고, 놀라운 방법으로 구원 계획을 이루어 주셨어요. 우리도 이 세상에 구원자로 오신 예수님을 전하는 축복의 통로가 되게 해 주세요. 우리를 구원하시는 예수님의 이름으로 기도합니다. 아멘.

일곱 — 암송송

성경에서 요한일서 4장 9절을 펴고 큰 소리로 여러 번 따라 읽게 한다.

1단원의 암송 구절은 예수님이 우리를 죄에서 구원하기 위해 이 땅에 태어나셨다고 말해요. 모든 사람이 하나님의 율법을 어겼어요. 우리는 모두 죄를 지었지요. 예수님 한 분만 빼고요. 하나님은 하나뿐인 아들을 이 땅에 보내셔서 사람들의 죄의 대가를 대신 치르도록 계획하셨어요. 우리를 사랑하시는 예수님은 이 땅에 오셔서 우리를 죄에서 구원하셨어요!

암송송(92쪽)에 맞추어 손유희를 하며 말씀을 익힌다.

"하나님의 사랑이 우리에게 이렇게 나타난 바 되었으니 하나님이 자기의 독생자를 세상에 보내심은 그로 말미암아 우리를 살리려 하심이라"(요일 4:9).

알콩달콩 말씀 놀이

누가 예수님의 부모가 될까요?

1) 퍼즐 맞추기

준비물 ▶ 유치부 교재 7쪽, 색연필

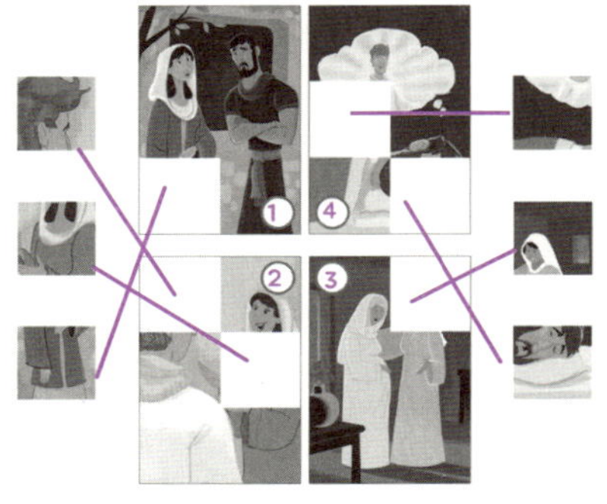

이야기 나누기

- 하나님이 예수님의 어머니로 선택하셨다는 소식을 들은 마리아의 기분은 어땠을까요?
- 마리아가 낳을 하나님의 아들, 예수님이 하나님의 백성을 죄에서 구원하실 것이라는 소식을 들은 요셉은 어떤 기분이었을까요?

❶ 빈 곳에 알맞은 그림 조각을 찾아 선으로 연결하게 한다.

❷ 그림에서 어떤 일이 일어나고 있는지 이야기 해보게 한다.

❸ 이야기 순서에 맞게 ○ 안에 번호를 써 보게 한다.

tip 그림의 순서 맞추기에 집중하기보다는 어떤 일이 일어나고 있는지 기억하게 도와준다.

'하나님이 예수님의 가족을 선택하셨어요' 그림은 ①이나 ④ 어느 순서에 와도 좋다.

2) 주름책 만들기

준비물 ▶ 유치부 교재 7, 31쪽 '주름책'

❶ 유치부 교재 31쪽 '주름책'을 떼어 접는 선대로 접게 한다.

❷ ❶을 옆으로 세운 뒤 30㎝ 정도 떨어진 거리에서 이쪽저쪽 돌려 보며 친구에게 이야기를 들려주라고 한다.

인도자 퍼즐 조각 그림들을 잘 맞추었어요. 주름책은 그림을 보는 방향에 따라 장면이 달라졌지요? 천사가 마리아에게 나타나 "아들을 낳으리니 이름을 예수라 하라 이는 그가 자기 백성을 그들의 죄에서 구원할 자이심이라"(마 1:21)라고 말했고, 마리아는 엘리사벳을 찾아가 만났어요. 엘리사벳의 배 속에 있는 아기도 함께 기뻐했지요. 천사는 요셉의 꿈에 나타나 예수님이 태어나실 것을 알려 주었어요. 그렇게 마리아와 요셉은 예수님의 부모가 되었어요. **하나님이 예수님의 가족을 선택**하신 거예요. 이 땅에 특별한 방법으로 오신 예수님은 하나님의 아들이세요. 하나님은 예수님을 아기로 이 땅에 보내셨고, 십자가를 지심으로 우리를 죄에서 구원하게 하셨어요.

스티커북 꾸미기 1 – 천사가 마리아와 요셉에게 나타났어요

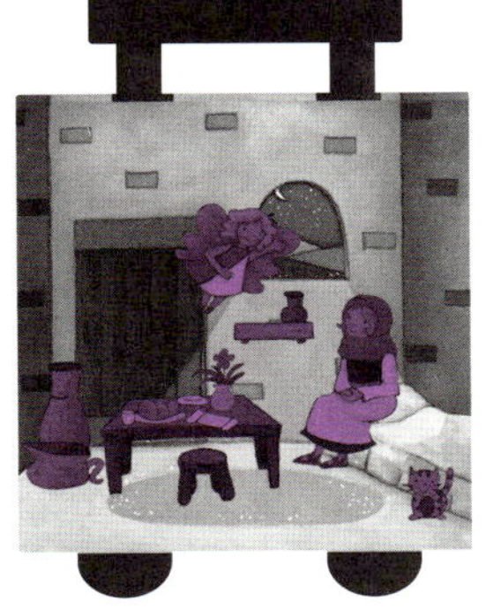

이야기 나누기

- 천사는 하나님은 못하시는 일이 없다고 했어요. 하나님이 하신 일들이 무엇인지 이야기해 보세요.
- 엘리사벳을 만난 마리아는 하나님을 찬양했어요. 나는 예수님을 보내 주신 하나님께 어떤 찬양을 드리고 싶나요?

❶ 아이들에게 하나님이 보내신 천사가 마리아와 요셉을 찾아온 이야기를 들려준다.

❷ 유치부 교재 41쪽 '스티커북 1' 스티커를 떼어 특별 부록 '스티커북 1'을 꾸미게 하고 서로에게 설명하라고 한다.

인도자 **하나님이** 이 땅에서의 **예수님의 가족을 선택하셨어요.** 예수님의 엄마, 아빠로 마리아와 요셉을 선택하셨지요. 요셉은 다윗왕의 후손이에요. 하나님이 오래전에 선지자들을 통해 하신 약속을 이루어 주신 거예요. 예수님이 태어나신다는 소식을 들은 마리아와 요셉은 예수님이 태어나실 날을 어떤 마음으로 기다렸을까요? 아이들의 답을 들어본다.

마리아와 요셉을 찾아요

1) 같은 그림 찾기

이야기 나누기

- 예수님은 하나님의 약속대로 다윗의 자손으로 태어나셨어요. 요셉은 누구의 자손일까요?
- 하나님이 우리에게 주신 약속의 말씀을 자유롭게 이야기해 보세요.

❶ 그림을 보고 어떤 장면인지 이야기를 나누어 본다.

❷ **보기** 와 똑같은 마리아와 요셉을 찾아 ○표 하게 한다. 마리아와 요셉이 누구인지 물어보고 예수님의 엄마, 아빠라고 말해 둔다.

> **인도자** 하나님은 여러분을 가족의 한 사람으로 부르셨어요. 여러분은 예수님께도 가족이 있다는 사실을 알고 있나요? 오늘의 성경 이야기에서는 **하나님이 예수님의 가족을 선택**하신 이야기를 들려주었어요. 예수님은 하나님의 아들이시지만 이 땅에 아기로 오셨어요. 하나님은 아기 예수님을 돌봐줄 엄마, 아빠를 부르셨고, 가족을 만들어 주셨어요. 그리고 예수님은 자라서 세상을 죄로부터 구원하실 하나님의 사랑의 계획을 이루실 거예요.

2) 가랜드 만들기

준비물 ▶ 유치부 교재 31~34쪽 '크리스마스 가랜드', 끈(털실, 리본 등), 셀로판테이프

❶ 유치부 교재 31~34쪽 '크리스마스 가랜드'를 떼어 낸다.

❷ ❶의 앞뒤에 적힌 글자를 읽어 주고 그림을 살펴보게 한 뒤, 하나님이 선택하신 예수님의 부모, 마리아와 요셉에게 천사가 들려준 기쁜 소식을 기억해 보게 한다.

❸ 뒷면의 성경 구절을 순서대로 나열하고 70cm 정도 길이의 끈에 감아 셀로판테이프로 붙인다.

❹ 잘 보이는 곳에 '크리스마스 가랜드'를 걸어 두고 사람들에게 기쁜 소식을 알리자고 격려한다.

> **인도자** 하나님은 세상을 죄에서 구원하기 위한 계획을 이루시기 위해 마리아와 요셉을 선택하셨어요. **하나님이** 하나님의 아들, **예수님의 가족을 선택**하신 거예요. 하나님은 이 세상의 모든 사람 중에서 마리아와 요셉을 선택하셔서 이 땅에서 예수님의 부모가 되게 하셨어요. 마리아와 요셉은 보통 사람들이었어요. 그들에게는 특별한 점이 없었지만, 하나님은 그들에게 매우 특별한 일을 주셨어요. 바로 우리를 구원하신 예수님의 부모님이 되게 하신 거예요. 이 소식을 들은 마리아는 기쁨과 감사로 하나님을 찬양했어요.

그림자 가족 놀이를 해요 *

❶ 아이들에게 94쪽 '그림자 가족'(또는 지도자용 팩)을 한 장씩 나누어 준다.

❷ 풀을 이용해 습자지를 엄마, 아빠, 아기 그림 위에 붙이게 한다.

  `tip` 연령대가 높은 아이들은 종이 위에 풀을 바르고 습자지를 붙이게 하고, 연
  령대가 낮은 아이들은 교사가 풀을 발라 준다. 그림을 크게 확대 출력하는
  것도 좋다.

❸ 물티슈로 손을 닦고 정리하게 한다.

> **인도자** **하나님이 예수님의 가족을 선택하셨어요.** 여러분 중에
> 하나님이 이 땅에서 예수님의 부모님으로 누구를 선택
> 하셨는지 아는 친구가 있나요? 아이들의 대답을 기다린다. 맞아요! 하나님은 마리아와
> 요셉을 예수님의 부모님으로 선택하셨어요. 이 세상을 창조하기 전부터 하나님은
> 예수님을 보낼 계획을 갖고 계셨어요. 예수님은 이 땅에 오셔서 하나님의 계획을 이
> 루시고, 사람들을 죄에서 구원하셨어요.

소곤소곤 꿀~꺽   **간식**

❶ 카운트다운 영상, 정리하기 노래 등을 활용해 활동이 끝났음을 알린다. 아이들에게 주변을 정리하게 하고, 화
  장실에 가거나 물티슈 등을 이용해 손을 씻을 시간을 준다.

❷ 감사 기도를 드리고 진저브레드 과자와 우유를 간식으로 나누어 준다. 간식을 먹으면서 진저브레드 아빠, 진저
  브레드 엄마, 진저브레드 아기 등 진저브레드 가족을 만들어 보라고 한다. 하나님은 온 세상을 죄에서 구원하
  기 위해 이 땅에서 예수님의 엄마, 아빠를 선택하시고 가족을 만들어 주셨다고 이야기해 준다.

❸ 간식을 먹은 후 마무리 정리를 잘하도록 지도한다.

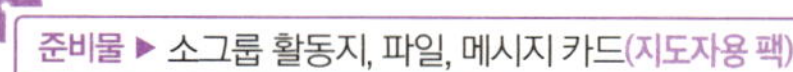

준비물 ▶ 소그룹 활동지, 파일, 메시지 카드(지도자용 팩)

❶ 오늘 새롭게 알게 된 내용이나 기억에 남는 성경 이야기, 하나님께 하고 싶은 말 등에 대해 이야기를 나누고 나만의 기록장을 기록해 보게 한다. 메시지 카드(지도자용 팩)를 프린트해 사용해도 좋다.

> **tip** 시간 여건에 맞게 교회나 가정에서 기록할 수 있도록 지도한다.

❷ 가족 활동을 소개하고, 한 주 동안 가정에서 실천하도록 격려한다.

가족과 활동해요

- 가족과 함께 성경을 읽으세요. 아이들이 마리아와 요셉은 오래전에 살았던 실제 인물이라는 사실을 기억하게 해 주세요.
- 대강절 달력이나 크리스마스 화환을 장식하고, 예수님의 탄생을 기억하며 크리스마스까지 날짜를 세어 보세요. 그리고 하나님의 백성이 예수님을 어떻게 기다렸는지 함께 이야기해 보세요.

❸ 소그룹 활동지를 떼어 파일에 끼우고 가방에 정리하게 한다.

❹ 아이들을 위해 기도한다.

> **인도자** 하나님, 예수님의 가족을 선택하셔서 우리를 구원하겠다는 약속을 지켜 주셔서 감사해요. 하나님의 은혜로 마리아가 예수님의 엄마가 된 것에 감사하며 하나님을 찬양했듯이, 우리도 하나님의 사랑과 은혜를 언제나 찬양하며 살아가게 해 주세요. 예수님의 이름으로 기도합니다. 아멘!

❺ 아이를 데리러 온 부모에게 아이가 특별히 즐거워했거나 잘했던 활동들에 대해 이야기해 주고, 가정에서 성경 읽기와 가족 활동을 진행할 수 있도록 격려한다.

나만의 기록장

아기 예수님의 소식을 들은 마리아와 요셉 상상해서 그리기

3

예수님이
태어나셨어요

(눅 2:1~20)

주제	하나님이 약속하신 구세주로 예수님이 오셨어요.
예수님 생각하기	예수님의 탄생은 좋은 소식, 복음이에요. 예수님은 평범한 아기가 아니셨어요. 하나님의 아들이신 예수님은 사람들을 죄에서 구원하고 그들의 왕이 되기 위해 이 땅에 오셨어요.
단원 암송	요일 4:9
성경의 초점	예수님이 이 땅에 오신 이유는 무엇인가요? 예수님은 우리를 죄에서 구원하기 위해 이 땅에 오셨어요.

아우구스투스 황제가 호적 등록을 명령한 사건이 과연 우연일까요? 마리아와 요셉이 메시아가 탄생할 장소로 예언된 베들레헴에 가게 된 것이 우연일까요(미 5:2 참조)? 하나님은 이방의 황제를 통해 하나님의 계획을 이루심으로써 하나님이 만물의 주관자라는 것을 나타내셨습니다.

예수님이 태어나시자 마리아는 아기 예수를 구유에 뉘었습니다. 구유에 누인 왕이라니요! 앞뒤가 맞지 않는 것처럼 보입니다. 그러나 예수님은 평범한 아기가 아니셨습니다. 예수님은 "섬김을 받으려 함이 아니라 도리어 섬기려 하고 자기 목숨을 많은 사람의 대속물로 주려"고 가장 겸손한 모습으로 이 땅에 보냄을 받은 하나님의 아들이십니다(마 20:28 참조).

주의 사자가 나타났을 때 목자들이 느꼈을 놀라움을 상상해 보십시오. 성경은 목자들이 두려워했다고 전합니다. 그러나 천사가 그들에게 말했습니다. "무서워하지 말라 보라 내가 온 백성에게 미칠 큰 기쁨의 좋은 소식을 너희에게 전하노라 오늘 다윗의 동네에 너희를 위하여 구주가 나셨으니 곧 그리스도 주시니라"(눅 2:10~11).

얼마나 다행인지요! 천사는 목자들에게 기쁜 소식을 전해 주었습니다. 먼저, 구세주의 탄생을 선포했습니다! 이스라엘 백성은 그들에게 구세주가 필요하다는 사실을 잘 알고 있었습니다. 그들은 매일 자신의 죄를 용서받기 위한 속죄제를 드려야만 했습니다. 그러나 마침내 구세주가 오셔서 죄를 단번에 대속하는 완벽한 희생 제물이 되셨습니다.

예수님은 구세주이자 주님이셨습니다. 메시아라는 단어는 '기름 부음을 받은 자'라는 뜻으로, 특히 왕을 의미합니다. 구속자이며 구세주이신 예수님이 백성의 왕이 되실 것입니다. 그리고 이 모든 일은 미가가 예언한 대로 다윗의 동네인 베들레헴에서 이루어졌습니다.

이것이 복음입니다! 천군 천사가 나타나 하나님께 찬양을 드렸습니다. "지극히 높은 곳에서는 하나님께 영광이요 땅에서는 하나님이 기뻐하신 사람들 중에 평화로다"(눅 2:14). 예수님이 이 땅에 태어나신 목적은 두 가지입니다. 하나님께 영광을 올리고, 예수님의 죽음과 부활을 믿는 사람들과 하나님 사이에 평화를 가져오는 것입니다.

● ● 티칭 포인트

하나님은 하나님의 계획을 이루시기 위해 예수님을 이 땅에 보내셨습니다. 예수님은 가장 겸손한 모습으로 이 땅에 보내진 하나님의 아들이십니다. 아이들에게 예수님이 이 땅에 오신 목적을 말해 주십시오.

예수님이 태어나셨어요

눅 2:1~20

마리아가 아기 예수를 임신하고 있을 때, 아우구스투스 황제가 명령을 내렸어요. "모든 사람은 고향으로 돌아가서 *호적을 등록하라." 아우구스투스 황제는 로마를 다스리는 황제였는데, 이스라엘 땅에 살고 있는 사람이 얼마나 있는지 알고 싶었어요.

요셉은 다윗의 후손이었기 때문에 마리아와 함께 나사렛의 집을 떠나 다윗의 동네인 베들레헴으로 향했어요. 베들레헴에 머무는 동안 마리아가 아기를 낳을 때가 다가왔어요. 마리아와 요셉은 아기를 낳을 수 있는 안전한 장소를 원했지만 머물 곳이 없었어요. 많은 사람이 호적 등록을 위해 시내로 들어와 있었기 때문이에요. 마리아와 요셉은 가까스로 동물들이 머무는 곳인 마구간에 자리를 얻었어요. 마리아는 그곳에서 아기 예수를 낳았어요. 마리아는 담요로 아기 예수를 감싸 가축들에게 먹이를 담아 주는 그릇인 구유에 뉘었어요.

그 근처 들판에는 목자들이 도둑이나 짐승들로부터 양을 지키고 있었어요. 갑자기 하나님의 천사가 목자들에게 나타났어요. 밝은 빛이 목자들을 비추었어요. 목자들은 겁이 났어요. 하나님의 천사가 말했어요. "무서워하지 말아라! 내가 너희를 위한 좋은 소식을 가지고 왔다. 오늘 다윗의 동네에 너희를 위하여 구주가 나셨으니 곧 그리스도 주시다. 너희는 가서 담요에 싸여 구유에 누워 있는 아기를 볼 것이다." 그리고 갑자기 많은 천사가 나타나 하나님께 찬양을 드렸어요. "지극히 높은 곳에서는 하나님께 영광이요 땅에서는 하나님이 기뻐하신 사람들 중에 평화로다!"

목자들은 바로 아기 예수님을 찾으러 베들레헴으로 향했어요. 목자들은 예수님을 찾았고, 천사에게 들은 이야기를 전했어요. 예수님에 대한 소식을 들은 사람들은 모두 놀랐어요. 마리아는 자신에게 일어난 일에 대해 생각했고 이해하려고 노력했어요. 목자들은 들판으로 돌아가 하나님을 찬양했어요. 모든 일이 천사가 말한 대로 이루어졌기 때문이에요.

★ 호적 : 그 집에 속하는 사람의 본적지, 성명, 생년월일 등의 기록

● 이야기 TIP ●

- **배경 장소를 구분해서 활용해요** : 예배실 공간을 '마구간'과 '들판'으로 나누고, 이야기 성경을 들려주면서 해당되는 배경 장소로 함께 이동한다. 목자들이 '들판'에서 '마구간'으로 이동하는 경로를 따라 움직인다.
- **천사 역할을 해요** : 천사 손인형을 활용하거나 교사 중 한 사람이 '천사' 역할을 맡는다. 이야기 성경을 들려주다가 '천사'가 말하는 부분에서 '천사'가 직접 말하게 한다.
- **마구간 틀과 인형들을 사용해요** : 마구간 틀과 인형들을 사용해 예수님의 탄생 장면을 구성해 본다. 인형들을 적절히 움직여 가면서 이야기 성경을 들려준다.

예수님의 탄생은 좋은 소식, 복음이에요. 예수님은 평범한 아기가 아니셨어요. 하나님의 아들이신 예수님은 사람들을 죄에서 구원하고 그들의 왕이 되기 위해 이 땅에 오셨어요.

가스펠 준비

싱글벙글 환영해요

"낮은 곳에 임하신 왕"(지도자용 팩)을 튼다. 아이들을 반갑게 맞이하며 헌금과 기도를 도와준다. 예배 중 헌금 순서가 있다면 아이들이 헌금을 잘 간수하도록 돕는다. 가방과 외투를 정리하도록 안내한다. 새로 온 아이가 있다면 음수대와 화장실의 위치를 알려 주고, 보호자와 만나는 시간과 방법 등을 소개한다. 보호자들을 위한 안내문을 붙여 아이와 만나는 시간, 기다리는 장소, 헌금 방법, 아이에 대한 특별한 주의 사항을 교사에게 미리 알려 달라는 당부 등을 공지한다.

너랑 나랑 마음 열기

주제와 관련 있는 퍼즐이나 블록 등 아이들이 좋아하는 장난감을 몇 가지 비치해 두고 다양한 활동을 하며 예배를 준비하도록 돕는다. 아이들이 마음을 열고 오늘의 주제에 관심을 갖게 하며 예배에 집중할 수 있도록 도와준다. 교회 형편에 맞게 시간과 활동 방법을 조절한다.

양을 우리에 넣어요 *

❶ 예배실 여기저기에 '양'을 대신해 솜뭉치를 숨겨 둔다.
❷ 예배실 안에서 한 곳을 '양의 우리'로 정하고 아이들에게 이야기해 준다. 아이들에게 '목자' 역할을 맡기고, '양'을 찾아 '양의 우리'에 집어넣어야 한다는 게임의 규칙을 설명한다.
❸ 아이들이 '양'을 모두 '양의 우리'에 넣으면 활동을 한 번 더 반복한다.

> **인도자** 목자들은 양 떼를 도둑과 들짐승에게서 보호하려고 지켜 주어요. 오늘의 성경 이야기에서 목자들은 들판에서 양 떼를 지키고 있었어요. 그때 갑자기 하나님의 천사가 그들 앞에 나타났어요! 천사는 목자들에게 전할 말이 있었어요. 오늘의 성경 이야기를 잘 들으면서 그 말이 무엇인지 함께 알아보아요.

'크리스마스 찬양' 댄스 댄스! *

❶ 아이들과 함께 크리스마스 찬양을 부르며 신나게 춤을 춘다.
❷ 인도자가 찬양을 멈추면 다 같이 그 자리에 멈추어 서서 "예수님이 태어나셨어요!"라고 소리친다.
❸ 시간 여유가 있다면 활동을 여러 번 반복한다.

> **인도자** 우리는 다 같이 찬양하고 춤추면서 예수님의 생일을 축하했어요. 재미있었지요? 크리스마스는 하나님이 아기 예수님을 이 땅에 보내신 것을 축하하는 날이에요. 오늘 우리는 하나님이 약속하신 대로 예수님이 태어나신 일이 얼마나 기쁜 소식인지 배울 거예요. 우리 함께 오늘의 성경 이야기를 잘 들어 보아요.

예배 대형으로 모이기

- 카운트다운 영상, 모이기 노래 등을 활용해 예배 대형으로 바꾸고 마음을 준비하게 한다.
- 공간을 이동해야 한다면 "메리 크리스마스!"라고 외치며 가도록 한다.

가스펠
설교

하나 — 들어가기

아이들에게 어느 도시에서 태어났는지 알고 있냐고 물어본다. 자신이 태어난 도시에 대해 아이들에게 이야기해 준다.

마리아와 요셉은 나사렛에서 살았어요. 하나님은 마리아와 요셉을 예수님의 가족으로 선택하셨어요. 오래전에 하나님의 선지자가 예수님이 베들레헴에서 태어나실 것이라고 말했어요. 베들레헴은 나사렛에서 아주 멀리 떨어진 곳에 있는 도시예요! 오늘의 성경 이야기를 들으면서 하나님의 약속이 어떻게 이루어졌는지 함께 살펴보아요.

둘 — 성경 이야기

누가복음 2장을 편다. 설교 영상(지도자용 팩)을 보여 주거나 이야기 성경을 들려준다.

성경은 하나님의 말씀이에요. 성경에 나오는 모든 이야기는 진리예요. 하나님은 언제나 진리만을 말씀하시거든요. 하나님은 예수님을 이 땅에 보내셨어요! 오늘의 성경 이야기는 신약성경 중에서 '누가복음'에 나와요.

셋 — 메시지와 정리

하나님의 백성은 구세주가 오시기를 기다렸고, 이제 그분이 오셨어요! **하나님이 약속하신 구세주로 예수님이 오셨어요.** 이것이 바로 좋은 소식, 복음이에요! 예수님은 평범한 아기가 아니셨어요. 예수님은 하나님의 아들이세요. 하나님의 아들이신 예수님은 사람들을 죄에서 구원하고 그들의 왕이 되기 위해 이 땅에 오셨어요.

연대표(지도자용 팩)를 가리키면서 복습 질문을 한다.

1. 예수님은 어디에서 태어나셨나요? 베들레헴
2. 요셉과 마리아는 베들레헴에 가서 어디에 머물렀나요? 마구간
3. 요셉과 마리아는 왜 마구간에서 머물 수밖에 없었나요? 머물 곳이 없어서
4. 누가 목자들에게 나타났나요? 천사
5. 천사는 목자들에게 누구를 찾아가라고 했나요? 구세주이신 아기 예수
6. 목자들은 아기 예수님을 보고 어떻게 했나요? 하나님을 찬양했고, 예수님을 전했다

넷 — 성경의 초점

1단원 성경의 초점을 기억하고 있나요? 질문에 답해 보세요. **"예수님이 이 땅에 오신 이유는 무엇인가요?"** 아이들의 대답을 기다린다. **"예수님은 우리를 죄에서 구원하기 위해 이 땅에 오셨어요."** 잘 대답해 주었어요. 예수님은 우리를 구원하기 위해 이 땅에 오셨어요. 우리는 죄에서 구원받아야 해요. 왜냐하면 죄는 우리를 포함해 하나님이 만드신 세상을 엉망으로 만들었기 때문이에요. 그래서 하늘에서 하나님과 함께 계시던 하나님의 아들이신 예수님이 사람으로 이 땅에 오셨어요. 그리고 자라서 우리를 죄에서 구원하기 위해 십자가에서 죽으셨다가 다시 살아나셨어요.

다섯 — 복음 초청

성경과 61쪽 복음 초청 가이드를 이용해서 아이들에게 그리스도인이 되는 법을 설명해 준다. 따로 상담해 줄 사람을 정해 주고 궁금한 점이 있으면 물어보도록 격려한다.
이 시간 예수님을 믿고 마음에 모시고 싶은 친구는 함께 기도해요.

여섯 — 기도

우리에게 예수님을 보내 주신 사랑의 하나님, 감사해요. 하나님의 아들이신 예수님이 우리를 위해서 아기로 오셨다는 놀라운 사실을 믿어요. 아기 예수님은 하나님이 우리를 죄에서 구원해 주겠다고 하신 약속의 선물이세요. 우리가 이 기쁜 소식을 온 세상에 전하며 크리스마스를 더욱 기쁘게 보낼 수 있도록 도와주세요. 예수님의 이름으로 기도합니다. 아멘.

일곱 — 암송송

성경에서 요한일서 4장 9절을 펴고 큰 소리로 여러 번 따라 읽게 한다.
하나님은 아들이신 예수님을 우리와 같이 아기의 모습으로 이 땅에 태어나게 하셨어요. 예수님은 하나님의 아들이시지만 인간이 되셨어요. 예수님만이 하나님의 말씀에 모두 순종하실 수 있었어요. 우리를 죄에서 구원하기 위해 **하나님이 약속하신 구세주로 예수님이 오셨어요.**

암송송(92쪽)에 맞추어 손유희를 하며 말씀을 익힌다.
"하나님의 사랑이 우리에게 이렇게 나타난 바 되었으니 하나님이 자기의 독생자를 세상에 보내심은 그로 말미암아 우리를 살리려 하심이라"(요일 4:9).

알콩달콩 😃 말씀 놀이

특별한 주인공을 소개해요

1) 짝 찾기

준비물 ▶ 유치부 교재 11쪽, 색연필

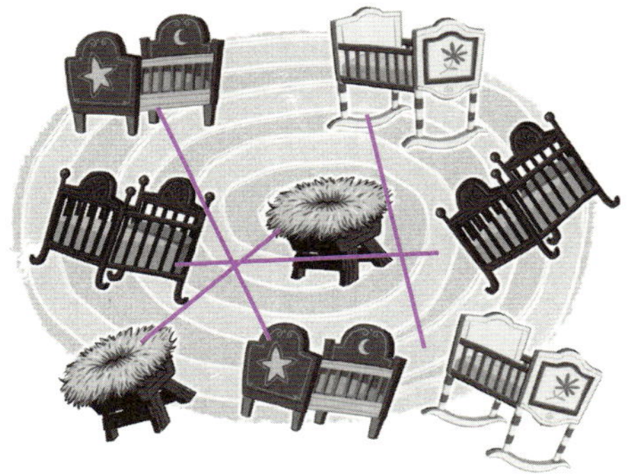

이야기 나누기

- 크리스마스는 무슨 날인가요?
- 예수님의 탄생은 보통 왕이 태어날 때와 어떻게 달랐나요?
- 예수님은 왜 사람이 되어 이 땅에 태어나셨나요?

❶ 아이들에게 똑같은 그림을 찾아 선으로 연결하라고 한다. 어떤 침대가 가장 마음에 드는지, 크리스마스의 주인공은 누구인지, 정말 중요한 아기라면 어떤 침대를 사용하는 것이 어울릴지 물어보고 답을 듣는다.

❷ 그림 중 다른 한 쌍은 어떤 물건인지 생각해 보게 한다.

❸ 아기 침대와는 다르게 생긴 물건은 동물이 먹는 음식을 담는 통이라고 설명해 주고 그 구유에 누인 아기 예수님을 생각해 보게 한다.

2) 상자 만들기

준비물 ▶ 특별 부록 '크리스마스 선물 상자', 유치부 교재 41쪽 '예수님이 태어나셨어요' 스티커, 양면 테이프, 빵끈, 작은 선물(사탕, 캐러멜 등)

❶ 특별 부록 '크리스마스 선물 상자'를 사진과 같은 방향으로 꼭꼭 눌러 접게 한다.

❷ 옆면을 양면 테이프로 붙인 뒤 밑면을 끼우게 한다.

> tip 교사가 미리 상자를 만들어 두는 것이 좋다. 옆면을 먼저 붙인다.

❸ 유치부 교재 41쪽 '예수님이 태어나셨어요' 스티커를 떼어 장식하게 한다.

❹ 상자에 작은 선물을 담고 빵끈으로 묶어 고정하게 한다.

❺ ❹를 복음이 필요한 친구에게 선물하며 예수님을 전하자고 격려한다.

[인도자] 예수님은 가장 위대하신 왕이세요. 하지만 멋진 아기 침대가 아닌 냄새나고 더러운 구유에 누우셨어요. 우리를 죄에서 구원하기 위해 **하나님이 약속하신 구세주로 예수님이 오셨어요.** 크리스마스는 예수님이 이 땅에 사람으로 오신 매우 중요한 날이에요. 아직도 왜 크리스마스 트리를 장식하고 케이크를 먹으며 기뻐하는지 모르는 사람들이 많아요. 하나님이 우리를 매우 사랑하셔서 예수님을 구세주로 이 땅에 보내셨다는 기쁜 소식을 친구와 이웃에게 전해 주어요.

스티커북 꾸미기 2 – 예수님이 태어나셨어요

이야기 나누기
- 하나님의 약속대로 베들레헴의 마구간에서 태어난 분은 누구이신가요?
- 예수님이 사람으로 태어나신 소식이 왜 기쁜 소식일까요?

❶ 하나님의 약속대로 베들레헴에서 태어나신 아기 예수님의 이야기를 들려준다.

❷ 유치부 교재 42쪽 '스티커북 2' 스티커를 떼어 특별 부록 '스티커북 2'를 꾸미게 하고 서로에게 설명하라고 한다.

[인도자] 아기 예수님이 아직 엄마 마리아의 배 속에 있는 동안, 아우구스투스라는 로마의 황제가 "모든 사람은 고향으로 돌아가서 호적을 등록하라"라고 명령했어요. 요셉과 마리아는 베들레헴으로 향했어요. 그들은 아기를 낳을 수 있는 안전한 장소를 원했지만 많은 사람이 호적 등록을 위해 시내로 들어와 있었기 때문에 머물 곳이 없었어요. 그래서 마리아는 동물들이 머무는 곳인 마구간에서 아기 예수님을 낳았어요. **하나님이 약속하신 구세주로 예수님이 오셨어요.** 아기 예수님은 우리를 죄에서 구원하러 오신 왕이지만 왕궁의 멋진 침대가 아니라 더럽고 냄새나는 가장 낮은 곳, 구유에 누이셨어요.

마구간을 들여다보아요

❶ 유치부 교재 35쪽 '마구간' 그림을 떼어 접는 선대로 접고 ★, ☆, ◈, ● 표시에 맞게 풀로 붙여 '그림책'을 완성하게 한다.

❷ '입체 그림책'의 주름을 늘려 안쪽을 들여다보고 마구간에서 태어나신 예수님에 관한 오늘의 성경 이야기를 떠올려 보라고 한다.

> **인도자** '입체 그림책'을 아주 잘 만들었어요! 혹시 크리스마스 장식 중에서 예수님이 태어나신 마구간을 만들어 놓은 것을 본 적이 있나요? 예수님은 화려한 궁궐이나 좋은 집이 아닌 마구간에서 태어나셨다는 것을 알 수 있어요. 크리스마스는 **하나님이 약속하신 구세주로 예수님이 오신** 것을 기뻐하며 예배하는 날이에요. 예수님은 사람들을 죄에서 구원하고 그들의 왕이 되기 위해 이 땅에 오셨어요.

'예수님이 태어나셨어요' 동극을 해요 *

❶ 등장인물들의 머리띠를 준비하고, 자원하는 아이에게 역할을 하나씩 맡긴 후 해당 머리띠를 씌워 준다.

❷ 오늘의 성경 이야기에 나오는 인물들이 누구누구였는지 기억해 보게 한다.

❸ 인도자가 대본을 읽어 주면 아이들이 자기 역할에 해당하는 동작을 하게 한다.

대본 예) • 요셉 : (문을 두드리며) "똑똑, 똑똑, 하룻밤 묵을 방이 있나요?"

  • 여관 주인 : (손을 내저으며) "없어요. 방이 하나도 없어요."

  • 마리아 : (힘들어하며 배를 쓰다듬으며) "배가 너무 아파요."

  • 요셉 : (간절한 표정으로) "마리아가 곧 아기를 낳을 것 같아요. 방이 아니라도 머물 곳이 있을까요?"

  • 여관 주인 : (잠시 생각한 후) "동물들이 지내는 곳도 괜찮아요?"

  • 마리아, 요셉 : (기쁜 얼굴로) "네! 감사합니다!"

  • 해설자 : "잠깐만요, 무슨 소리죠? '응애~', '응애~' 예수님이 태어나셨어요."

"들판에서 양을 지키던 목자들에게 천사가 나타났어요."

- 천사 : (기뻐하며) " 베들레헴에서 구세주가 태어나셨어요. 구유에 누인 아기를 찾아보세요."
- 목자들 : (깜짝 놀라며 달려가서) "구원자 예수님을 찾아왔습니다."
- 다 같이 : (큰 소리로) "우리를 구원하러 오신 예수님을 찬양합니다!"

인도자 하나님은 우리를 구원하기 위해 예수님이 아기가 되어 이 땅에 오시도록 계획하셨어요. **하나님이 약속하신 구세주로 예수님이 오셨어요.** 예수님은 평범한 아기가 아니셨어요. 하나님의 아들이신 예수님은 사람들을 죄에서 구원하고 그들의 왕이 되기 위해 이 땅에 오셨어요.

크리스마스 케이크를 만들어요 ✱

준비물 ▶ 머핀, 요거트, 토핑 재료(토핑용 초콜릿, 과일 젤리, 레인보우 등), 막대 과자, 숟가락, 작은 접시, 초, 성냥(라이터)

❶ 예수님이 태어나신 날인 크리스마스를 축하하기 위한 케이크를 함께 만들어 보자고 한다.

❷ 아이들에게 작은 접시에 올릴 머핀을 1개씩 나누어 주고 그 위에 요거트를 뿌리라고 한다.

❸ ❶에 과일 젤리와 토핑용 초콜릿을 올리고 막대 과자를 꽂아 장식해 크리스마스 케이크를 완성한다.

❹ 크리스마스 케이크에 초를 꽂아 불을 켜고 예수님의 생일을 축하하는 노래를 부른 후 촛불을 끈다.

인도자 예수님은 하나님이 하늘에서부터 이 땅에 보내신 하나님의 아들이세요. 하나님의 아들, 예수님은 이 세상에 오셔서 사람들을 죄에서 구원하시고 그들의 왕이 되셨어요. **하나님이 약속하신 구세주로 예수님이 오셨어요.** 크리스마스는 바로 우리의 왕이신 예수님이 태어나신 생일을 기념하는 날이에요. 우리를 구원해 주신 예수님께 감사하고 기뻐하는 마음으로 예수님의 생일을 다 함께 축하해요.

소곤소곤 꿀~꺽 😀 간식

준비물 ▶ "알콩달콩 말씀 놀이" 시간에 만든 크리스마스 케이크, 접시, 포크

❶ 카운트다운 영상, 정리하기 노래 등을 활용해 활동이 끝났음을 알린다. 아이들에게 주변을 정리하게 하고, 화장실에 가거나 물티슈 등을 이용해 손을 씻을 시간을 준다.

❷ 감사 기도를 드리고 "알콩달콩 말씀 놀이" 시간에 만든 크리스마스 케이크를 간식으로 나누어 준다. 다 함께 예

수님의 생일을 축하하는 노래를 부르고 간식을 먹는다. 예수님은 우리와 똑같이 사람이 되셨지만 하나님의 아들이시기 때문에 우리와는 다르다고 말한다. 하나님이 예수님을 사람으로 이 세상에 보내셨기 때문에 예수님이 사람들을 죄에서 구원하실 수 있다고 이야기한다.

❸ 간식을 먹은 후 마무리 정리를 잘하도록 지도한다.

오순도순 마무리

준비물 ▶ 소그룹 활동지, 파일, 메시지 카드(지도자용 팩)

❶ 오늘 새롭게 알게 된 내용이나 기억에 남는 성경 이야기, 하나님께 하고 싶은 말 등에 대해 이야기를 나누고 나만의 기록장을 기록해 보게 한다. 메시지 카드(지도자용 팩)를 프린트해 사용해도 좋다.

tip 시간 여건에 맞게 교회나 가정에서 기록할 수 있도록 지도한다.

❷ 가족 활동을 소개하고, 한 주 동안 가정에서 실천하도록 격려한다.

가족과 활동해요

- 아이들이 태어난 날을 생각해 보세요. 아기를 보러 가장 먼저 집으로 찾아온 사람은 누구였나요? 그날의 기쁨에 대해 이야기를 나누어 보세요.
- 가족 지원 센터에 깨끗하게 사용했거나 새로 구입한 아기 담요, 옷, 장난감 등을 가져다주세요. 크리스마스 카드에 "예수님이 태어나셨어요!"라고 쓰고 함께 전달하세요.

❸ 소그룹 활동지를 떼어 파일에 끼우고 가방에 정리하게 한다.

❹ 아이들을 위해 기도한다.

> 인도자 아기의 모습으로 이 땅에 오신 예수님, 생일을 축하드려요. 우리를 죄에서 구원해 주시기 위해 하나님의 하나뿐인 아들 예수님을 보내겠다는 약속을 지켜 주신 하나님 아버지, 감사해요. 온 세상에 크리스마스의 주인공이 되시고 기쁨이 되시는 예수님을 전하며 살아갈래요. 예수님의 이름으로 기도합니다. 아멘.

❺ 아이를 데리러 온 부모에게 아이가 특별히 즐거워했거나 잘했던 활동들에 대해 이야기해 주고, 가정에서 성경 읽기와 가족 활동을 진행할 수 있도록 격려한다.

나만의 기록장

아기 예수님을 만난 목자들의 기쁜 얼굴 상상해서 그리기

4 동방 박사들이 왕께 경배했어요

(마 2:1~21)

주제
동방 박사들이 왕이신 예수님께 경배했어요.

예수님 생각하기
동방 박사들은 예수님을 왕으로 경배했어요. 하나님은 우리를 영원히 다스릴 왕을 보내 주겠다고 약속하셨어요. 예수님은 우리의 영원한 왕이세요. 예수님은 우리의 경배를 받으실 진정한 왕이세요.

단원 암송
요일 4:9

성경의 초점
예수님이 이 땅에 오신 이유는 무엇인가요?
예수님은 우리를 죄에서 구원하기 위해 이 땅에 오셨어요.

예수님을 찾아간 지혜로운 사람들은 동방 박사들이었습니다. 연구하던 별을 좇아 유대로 간 그들은 갓 태어난 왕이신 예수님을 찾아 경배했습니다. 그들은 예수님을 만나기 전에 먼저 헤롯왕을 만났습니다. 하나님은 하나님의 백성에게 그들을 대적에게서 구원할 새로운 왕을 보내겠다고 약속하셨습니다.

하지만 헤롯은 그 새로운 왕이 아니었습니다. 그가 새로운 왕이 한 마을에서 태어났다는 소식을 들었을 때 어떤 기분이었을지 상상해 보십시오.

동방 박사들이 물었습니다. "유대인의 왕으로 나신 이가 어디 계시냐"(마 2:2). 그들은 의도치 않게 헤롯의 왕권에 도전한 것입니다. 헤롯은 순수 유대인이 아니었을 뿐만 아니라 다윗의 자손도 아니었습니다. 헤롯은 이 아기가 왕이 될 권리를 갖고 태어났다는 소식을 듣고 몹시 불안해했습니다.

분노한 헤롯은 모든 대제사장과 율법 학자를 불러 예수님이 어디에서 태어났는지 알아내라고 명령했습니다. 그리고 동방 박사들에게 거짓으로 말했습니다. "찾거든 내게 고하여 나도 가서 그에게 경배하게 하라"(마 2:8). 얼마나 교활한가요! 사실 헤롯에게는 예수님을 경배하려는 마음이 전혀 없었습니다. 오히려 예수님을 죽이고 싶어 했지요!

동방 박사들은 계속해서 여정을 이어 나갔고 드디어 아기 예수님을 찾았습니다. 그들이 예수님을 찾아 경배했을 때 당시 예수님은 두 살 정도였을 것으로 추정됩니다. 성경은 정확하게 몇 명의 동방 박사가 예수님을 경배했는지 기록하고 있지 않습니다. 하지만 그들이 드린 예물이 황금, 유향, 몰약 세 가지였기 때문에 보통 세 명으로 묘사합니다. 하나님은 동방 박사들의 꿈에 나타나 헤롯을 피해 다른 길로 돌아가라고 경고하셨습니다.

●● 티칭 포인트

동방 박사들은 예수님을 왕으로 경배했습니다. 하나님이 사무엘하 7장에서 다윗에게 약속하신 것처럼 예수님은 우리를 영원히 다스릴 왕이십니다. 예수님은 우리의 모든 경배를 받으시기 합당한 진정한 왕이시라는 사실을 아이들이 깨달을 수 있도록 도와주십시오.

동방 박사들이 왕께 경배했어요

마 2:1~21

오래전에 하나님은 왕을 보내어 하나님의 백성들을 대적들로부터 구원하실 것이라고 약속하셨어요. 사람들은 오랫동안 왕을 기다렸고, 드디어 그 왕이 세상에 오셨어요! 예수님은 헤롯이 왕이던 당시 베들레헴에서 태어나셨어요.

당시에 유대를 다스리던 왕은 헤롯왕이었어요. 헤롯왕이 하나님이 약속하신 그 왕일까요? 아니에요! 헤롯은 악한 왕이었어요.

동방 박사들은 하늘에 있는 별을 보았어요. 별은 예수님이 태어나셨다는 것을 말해 주는 표시였어요. 그래서 동방 박사들은 예수님을 찾으러 떠났어요. 그들은 헤롯왕에게 가서 말했어요. "유대인의 왕으로 태어나신 이가 어디 계십니까? 우리는 동방에서 그분의 별을 보고 그분께 경배하러 왔습니다."

헤롯왕은 화가 났어요. '새로운 왕이라고? 내가 왕인데!' 헤롯왕은 모든 대제사장과 서기관들을 불러서 물었어요. "그리스도가 어디서 나겠느냐?" 대제사장들과 서기관들은 "선지자가 기록한 바에 따르면 베들레헴입니다"라고 대답했어요.

헤롯은 동방 박사들에게 이렇게 말했어요. "가서 아기에 대하여 자세히 알아보고 찾거든 내게 말해 주어 나도 가서 그에게 경배하게 하라." 그러나 헤롯의 말은 거짓이었어요. 헤롯은 새로운 왕을 경배할 생각이 없었어요. 오히려 새로운 왕을 해치고 싶어 했지요!

동방 박사들은 별을 따라 예수님께로 향했어요. 그들은 예수님이 어머니 마리아와 함께 머물고 계시는 집에 도착했어요. 동방 박사들은 무릎을 꿇고 예수님께 경배했어요. 그들은 예수님께 3가지 예물을 드렸어요. 황금과 유향과 몰약이었어요.

동방 박사들이 돌아갈 때가 되자, 하나님은 그들의 꿈에 나타나셔서 헤롯에게 예수님이 태어나신 곳을 알리지 말라고 하셨어요. 그래서 그들은 다른 길로 돌아갔어요.

동방 박사들이 돌아가고 난 후에 천사가 마리아의 남편 요셉의 꿈에 나타나 말했어요. "일어나라! 헤롯이 아기를 찾아 죽이려 하니, 아기와 그의 어머니를 데리고 이집트로 피하여 내가 네게 말할 때까지 거기 있으라." 그래서 요셉은 한밤중에 일어나 마리아와 아기 예수를 데리고 안전한 이집트로 향했어요.

얼마 후에, 헤롯이 죽자 천사가 요셉의 꿈

• 이야기 TIP •

- **별 모양 조명등을 사용해요** : 이야기 성경을 들려주는 중에 '별'이 등장하는 장면에서 별 모양 조명등을 켜서 비춘다.
- **막대 인형을 이용해요** : 이야기 성경에 나오는 등장인물 수만큼 막대 인형을 만들어 두었다가, 해당하는 인물이 나올 때 동극을 하듯이 막대 인형을 흔들며 이야기를 들려준다.

에 한 번 더 나타나 말했어요.

"일어나 아기와 그의 어머니를 데리고 이스라엘 땅으로 가라. 아기의 목숨을 찾던 자들이 죽었느니라." 요셉은 천사가 말한 대로, 일어나 마리아와 예수님을 데리고 이스라엘로 향했어요.

동방 박사들은 예수님을 왕으로 경배했어요. 하나님은 우리를 영원히 다스릴 왕을 보내 주겠다고 약속하셨어요. 예수님은 우리의 영원한 왕이세요. 예수님은 우리의 경배를 받으실 진정한 왕이세요.

가스펠 준비

싱글벙글 — 환영해요

"낮은 곳에 임하신 왕"(지도자용 팩)을 튼다. 아이들을 반갑게 맞이하며 헌금과 기도를 도와준다. 예배 중 헌금 순서가 있다면 아이들이 헌금을 잘 간수하도록 돕는다. 가방과 외투를 정리하도록 안내한다. 새로 온 아이가 있다면 음수대와 화장실의 위치를 알려 주고, 보호자와 만나는 시간과 방법 등을 소개한다. 보호자들을 위한 안내문을 붙여 아이와 만나는 시간, 기다리는 장소, 헌금 방법, 아이에 대한 특별한 주의 사항을 교사에게 미리 알려 달라는 당부 등을 공지한다.

너랑 나랑 — 마음 열기

주제와 관련 있는 퍼즐이나 블록 등 아이들이 좋아하는 장난감을 몇 가지 비치해 두고 다양한 활동을 하며 예배를 준비하도록 돕는다. 아이들이 마음을 열고 오늘의 주제에 관심을 갖게 하며 예배에 집중할 수 있도록 도와준다. 교회 형편에 맞게 시간과 활동 방법을 조절한다.

별을 세어 보아요 ✱

준비물 ▶ '별' 그림(지도자용 팩) , 두꺼운 도화지, 송곳, 손전등(휴대전화 손전등 기능)

❶ 별 그림을 예배실 천장에 붙여 둔다.

❷ 송곳을 이용해 두꺼운 도화지에 10~12개 정도의 구멍을 뚫어 둔다. 그중 1개는 크게 뚫는다.

❸ 예배실을 어둡게 하고, ❷ 뒤에 손전등을 비추어 천장에 별들이 비치게 한다.

❹ 아이들과 함께 예배실 바닥에 누워 별의 개수를 세어 본다. 별 중에서 가장 큰 별을 찾아 손가락으로 가리키게 한다.

> **인도자** 동방 박사들은 아주 먼 곳에 살았어요. 동방 박사들은 하늘에 있는 별들을 연구했어요. 하늘의 큰 별을 보았을 때 그들은 왕이 나셨다는 것을 알았어요. 오늘의 성경 이야기에서 우리는 하늘에 있는 밝은 별을 따라간 동방 박사들에 대해 배울 거예요. 그들은 별을 보고 따라가서 누구를 만났을까요? 오늘의 성경 이야기를 잘 들어 보세요.

서로에게 선물을 해요 ✱

준비물 ▶ 선물 상자(쇼핑백), 작은 장난감(인형)

❶ 아이들에게 작은 장난감을 선물 상자에 넣어 포장하라고 한다.
❷ 서로에게 선물을 하고, 인도자가 "선물을 풀어 보세요"라고 말하면 다 같이 풀어서 확인할 수 있도록 지도한다.
❸ 선물로 받은 작은 장난감으로 함께 놀이하는 시간을 갖는다.

tip 선물로 받은 작은 장난감은 집에 가져갈 수 없고, 교회에서만 가지고 놀 수 있다고 이야기한다.

> **인도자** 동방 박사들은 예수님을 찾아 먼 길을 여행했어요. 그들은 예수님이 왕이시라는 것을 보여 주는 특별한 선물도 가져왔지요. 오늘의 성경 이야기를 들으면서 동방 박사들이 예수님을 어떻게 왕으로 경배했는지 알아보아요.

예배 대형으로 모이기

- 카운트다운 영상, 모이기 노래 등을 활용해 예배 대형으로 바꾸고 마음을 준비하게 한다.
- 공간을 이동해야 한다면 아이들을 한 줄로 세우고, 맨 앞에 선 아이에게 종이로 만든 큰 별을 주고, 별을 높이 들어서 뒤에 선 아이들이 별을 보고 따라서 가도록 한다.

가스펠
설교

하나 — 들어가기

활동 전에, 아이들 중 한 명에게 종이로 만든 별을 선물한다. 활동이 시작되면, 별을 가지고 있는 친구는 앞으로 나오라고 한다.

이 종이는 별 모양이에요. 하나님은 하늘에 별을 만드셔서 깜깜한 밤에 빛을 비추게 하셨어요. 예수님이 태어나셨을 때도 하나님은 하늘에 밝은 별을 두셨어요. 동방 박사들은 밝은 별을 따라가서 예수님을 만나 경배했어요.

둘 — 성경 이야기

마태복음 2장을 편다. 설교 영상(지도자용 팩)을 보여 주거나 이야기 성경을 들려준다.

성경보다 더 중요한 책이 있을까요? 없어요. 하나님은 성경에 하나님의 말씀을 담아서 우리에게 주셨어요. 성경에 나오는 모든 이야기는 실제로 일어난 일들이에요. 오늘의 성경 이야기는 신약성경 중에 '마태복음'에 나와요.

셋 — 메시지와 정리

동방 박사들이 왕이신 예수님께 경배했어요. 하나님은 우리를 영원히 다스릴 왕을 보내 주겠다고 약속하셨어요. 예수님은 우리의 영원한 왕이세요. 예수님은 우리의 경배를 받으실 진정한 왕이세요.

연대표(지도자용 팩)를 가리키면서 복습 질문을 한다.

1. 동방 박사들은 하나님이 보내신 왕이 태어나셨다는 사실을 어떻게 알았나요? 하늘의 별을 보고
2. 헤롯은 동방 박사들에게 무엇이라고 거짓말을 했나요? 자신도 가서 왕에게 경배하겠다고 했다
3. 동방 박사들은 어떻게 헤롯의 말이 거짓인 줄 알았나요? 하나님이 꿈에서 경고하셨다
4. 요셉은 마리아와 아기 예수님을 데리고 어디로 피했나요? 이집트

넷 — 성경의 초점

1단원 성경의 초점 질문에 답할 수 있는 친구가 있나요? **"예수님이 이 땅에 오신 이유는 무엇인가요?"** 아이들이 성경의 초점 질문과 답을 암송하게 한다. 잘했어요! **"예수님은 우리를 죄에서 구원하기 위해 이 땅에 오셨어요."** 동방 박사들은 하나님이 특별한 왕을 보내실 것을 알았어요. 그리고 예수님이 그 왕이시라는 사실을 알게 되었지요. 우리도 예수님을 경배해요! 예수님은 예수님을 믿는 사람들을 죄에서 구원하시는 진정한 왕이세요.

다섯 — 복음 초청

성경과 61쪽 복음 초청 가이드를 이용해서 아이들에게 그리스도인이 되는 법을 설명해 준다. 따로 상담해 줄 사람을 정해 주고 궁금한 점이 있으면 물어보도록 격려한다.

이 시간 예수님을 믿고 마음에 모시고 싶은 친구는 함께 기도해요.

여섯 — 기도

사랑의 하나님, 이 땅에 약속하셨던 구원자 예수님을 보내 주셔서 감사해요. 사랑의 예수님이 왕이심을 믿고 경배드렸던 동방 박사들처럼, 우리도 언제나 온 세상의 왕 되신 예수님을 찬양하고 경배하며 살아가게 도와주세요. 예수님의 이름으로 기도합니다. 아멘.

일곱 — 암송송

성경에서 요한일서 4장 9절을 펴고 큰 소리로 여러 번 따라 읽게 한다.

우리는 크리스마스가 되면 하나님의 아들이신 예수님이 하늘 아버지를 떠나 이 땅에 아기로 오신 일을 기억하면서 예수님의 생일을 축하해요. 하나님은 예수님을 보내셔서 우리를 죄에서 구원하셨어요. 예수님은 우리의 영원한 왕이세요! 예수님은 우리의 경배를 받으실 분이에요.

암송송(92쪽)에 맞추어 손유희를 하며 말씀을 익힌다.

"하나님의 사랑이 우리에게 이렇게 나타난 바 되었으니 하나님이 자기의 독생자를 세상에 보내심은 그로 말미암아 우리를 살리려 하심이라"(요일 4:9).

가스펠 소그룹

별을 따라 길을 찾아요

준비물 ▶ 유치부 교재 15쪽, 색연필

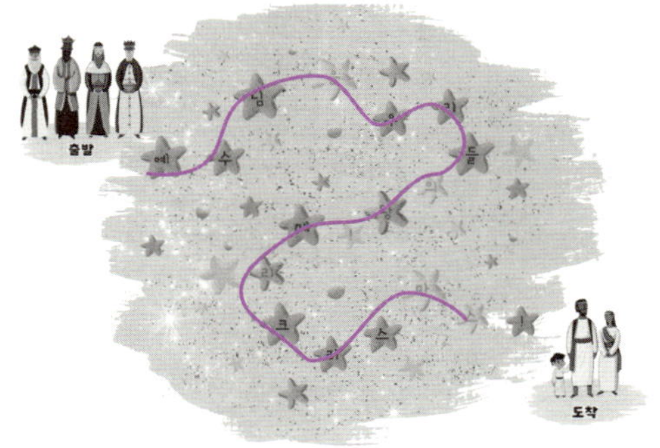

이야기 나누기
- 동방 박사들은 무엇을 따라가서 예수님을 만났나요?
- 동방 박사들은 별이 무엇을 말하고 있다고 믿고 따라갔나요?

❶ 아이들과 미로찾기 그림을 보며 어떤 장면인지 이야기를 나눈다.

❷ 동방 박사들이 예수님께 잘 도착할 수 있도록 색연필을 이용해 길을 찾아 주라고 한다. '예수님은 우리들의 왕! 메리 크리스마스!'라는 글자가 적힌 벽을 찾아 선을 그으면 된다고 말해 준다.

❸ 다 같이 "예수님을 경배해요!"라고 말하며 활동을 마무리한다.

인도자 **동방 박사들이** 별을 따라 가서 **왕이신 예수님께 경배했어요.** 그들은 예수님께 특별한 선물을 드렸어요. 동방 박사들은 예수님이 왕이신 것을 알았어요. 오래전부터 하나님은 우리를 영원히 다스릴 왕을 보내 주겠다고 약속하셨어요. 예수님은 우리의 영원한 왕이세요. 예수님은 우리의 경배를 받으실 진정한 왕이세요.

스티커북 꾸미기 3 – 동방 박사들이 왕께 경배했어요

준비물 ▶ 유치부 교재 16쪽, 42쪽 '스티커북 3' 스티커, 특별 부록 '스티커북 3'

이야기 나누기
- '경배'한다는 것은 존경해서 공손히 절한다는 뜻이에요. 동방 박사들은 왜 예수님께 경배했나요?
- 동방 박사들은 특별한 선물을 드리며 예수님께 경배했어요. 나는 어떤 특별한 선물을 드리며 예수님께 경배하고 싶나요?

❶ 아이들에게 동방 박사들이 예수님을 찾아간 이야기를 들려준다.

❷ 유치부 교재 42쪽 '스티커북 3' 스티커를 떼어 특별 부록 '스티커북 3'을 꾸미게 하고 서로에게 설명하라고 한다.

 예수님은 궁궐에 계시거나 많은 신하를 거느리시지 않았어요. 하지만 동방 박사들은 예수님을 유대인의 왕으로 믿었어요. 그래서 **동방 박사들이 왕이신 예수님께 경배했어요.** 하나님은 우리를 영원히 다스릴 왕을 보내 주겠다고 약속하셨어요. 예수님은 우리의 영원한 왕이세요. 예수님은 우리의 경배를 받으실 진정한 왕이세요.

똑똑, 왕을 찾아요

이야기 나누기

- 경배받으셔야 할 왕이신 예수님이 이 땅에 오신 이유는 무엇인가요?
- 나를 구원하기 위해 이 땅에 오신 예수님께 하고 싶은 말은 무엇인가요?

❶ 아기 예수님은 어디 계실지 물어본다. 유치부 교재 37쪽 '똑똑, 왕을 찾아요' 그림에서 문들을 떼어 접는 선대로 접은 후 테두리에 풀을 발라 붙이게 한다.

❷ 유치부 교재 36쪽 '동방 박사' 인형을 떼어 리본 끈을 사진과 같이 붙이라고 한다.

❸ '동방 박사' 인형을 움직이며 집집마다 다니며 "똑똑, 여기 왕이 계신가요?"라고 물은 뒤 문을 열고 "아니군요, 여긴 왕이 안 계시네요" 또는 "와! 왕이 여기 계셨군요!"라고 말하며 놀이하게 한다. 예수님을 찾으면 경배하라고 한다.

❹ 예수님이 계신 곳에는 별이 있었다는 점을 짚어 주고, 동방 박사들이 별을 따라 예수님을 찾아왔다는 이야기로 마무리한다.

 예수님은 아직 어려서 왕같이 보이지 않았어요. 하지만 **동방 박사들이** 예수님을 왕으로 믿고 **왕이신 예수님께 경배했어요.** 오래전부터 하나님은 우리를 영원히 다스릴 왕을 보내 주겠다고 약속하셨고 그 약속을 지켜 주셨어요. 예수님은 우리의 영원한 왕이세요. 예수님은 우리의 경배를 받으실 진정한 왕이세요.

동방 박사들이 예수님을 찾아가요 ✳

❶ 아이들과 함께 동방 박사들이 예수님을 만나기 위해 경험했을 여행에 대해 이야기를 나누어 본다.

❷ ❶을 '챈트'로 표현해 본다.

챈트) "동방 박사들이 예수님을 만났네 / 동방 박사들이 낙타 타고 간다네 / 동방 박사들이 깊은 강물 건넜네 / 동방 박사들이 큰 별 따라간다네 / 동방 박사들이 모래바람 맞으며 / 동방 박사들이 예수님을 찾는다네 / 동방 박사들이 큰 별 따라간다네 / 동방 박사들이 예수님을 만나서 / 동방 박사들이 3가지 선물 드렸네."

❸ 인도자의 챈트를 따라 몸동작을 적절히 표현하라고 한다.

❹ 챈트의 속도를 빠르고 느리게 조절해 즐겁게 활동한다.

> **인도자** 동방 박사들은 예수님을 찾아 먼 길을 여행했어요. **동방 박사들이 왕이신 예수님께 경배했어요.** 예수님은 동방 박사들에게도 중요한 분이셨고, 우리에게도 중요한 분이세요. 예수님은 세상의 왕이시고 우리의 경배를 받으실 진정한 왕이세요.

아기 예수님을 찾아요 ✳

❶ 아이들과 함께 예수님이 헤롯왕을 피해 이집트에 갔다 돌아온 이야기를 나눈다.

❷ 한 아이에게 94쪽 '예수님' 인형(또는 지도자용 팩)과 성경책을 건네고, '예수님'을 성경책에 숨기라고 한다. 나머지 아이들은 눈을 감고 있으라고 한다.

❸ 눈을 감고 있었던 아이들 중에 자원하는 아이에게 '예수님'이 숨어 있는 성경책을 주고 '예수님'을 찾아보라고 한다.

> **tip** 이때 성경책을 흔들어서 찾지 않고, 여러 장씩 넘기며 찾아야 한다는 게임의 규칙을 설명해 준다.

❹ 모든 아이가 '예수님'을 숨기고, 찾을 수 있도록 게임을 여러 번 진행한다.

> **인도자** **동방 박사들이 왕이신 예수님께 경배했어요.** 동방 박사들이 돌아가자 천사가 요셉의 꿈에 나타나서 헤롯왕을 피해 아기 예수님을 이집트로 데려가라고 말했어요. 그리고 얼마 후 헤롯왕이 죽자 천사가 요셉에게 다시 나타나 예수님을 이스라엘로 데려가라고 말했지요. 예수님은 헤롯왕과 같은 왕이 아니세요. 예수님은 우리를 영원히 다스리실 왕이세요. 예수님은 우리의 경배를 받으실 진정한 왕이세요.

반짝반짝 별을 바라보아요 *

❶ 4절지에 금색 홀로그램 시트지를 붙이고 10cm×10cm 크기의 '대형 금별'을 오려 둔다.

❷ 아이들 중 한 명에게 '대형 금별'을 건넨다. '대형 금별'을 들고 있는 아이는 '성경의 초점' 질문을 하고, 나머지 아이들은 '성경의 초점' 답을 말하면 된다는 게임의 규칙을 설명한다.

   • 성경의 초점 질문 : "예수님이 이 땅에 오신 이유는 무엇인가요?"

   • 성경의 초점 답 : "예수님은 우리를 죄에서 구원하기 위해 이 땅에 오셨어요."

❸ '대형 금별'을 들고 질문을 한 아이와 답을 말한 아이들에게는 '작은 금별' 스티커를 붙여 준다.

   tip 가능하면 모든 아이가 '성경의 초점' 질문을 할 수 있도록 지도한다.

> **인도자** **예수님이 이 땅에 오신 이유는 무엇인가요? 예수님은 우리를 죄에서 구원하기 위해 이 땅에 오셨어요.** 우리는 동방 박사들이 예수님을 만나기 위해 먼 길을 여행한 이야기를 들었어요. 동방 박사들은 하늘의 별을 보았고, 그 별은 유대인의 왕이 태어나셨다는 소식을 전해 주었어요. **동방 박사들이 왕이신 예수님께 경배했어요.** 예수님은 우리의 영원한 왕이세요. 예수님은 우리의 경배를 받으실 진정한 왕이세요.

예수님을 위한 왕관을 장식해요 *

❶ 8절지를 이용해 '왕관' 모양을 만들어 둔다.

❷ 아이들에게 예수님은 우리의 왕이시라고 말한 후 예수님께 어울리는 왕관을 만들어 보자고 이야기한다.

❸ 인도자가 ❶에 '예수님은 우리의 왕'이라고 써서 주면 다양한 스티커를 이용해 꾸밀 수 있도록 지도한다.

❹ '왕관'에 LED 와이어 전구를 붙여 마무리한다.

❺ LED 와이어 전구에 건전지를 넣어 예배실 벽면이나 크리스마스 트리를 장식한다.

> **인도자** 예수님은 아직 어려서 왕같이 보이지 않았어요. 하지만 **동방 박사들이 왕이신 예수님께 경배했어요.** 동방 박사들은 예수님을 왕으로 경배했어요. 하나님은 우리를 영원히 다스릴 왕을 보내 주겠다고 약속하셨어요. 하나님의 약속대로 오신 예수님은 우리의 영원한 왕이세요. 예수님은 우리의 경배를 받으실 진정한 왕이세요.

간식

❶ 카운트다운 영상, 정리하기 노래 등을 활용해 활동이 끝났음을 알린다. 아이들에게 주변을 정리하게 하고, 화장실에 가거나 물티슈 등을 이용해 손을 씻을 시간을 준다.

❷ 감사 기도를 드리고 컵케이크와 금색 포일로 포장된 작은 초콜릿을 간식으로 나누어 준다. 동방 박사들이 왕이신 예수님께 경배하면서 선물을 드렸는데, 금색 포일로 포장된 작은 초콜릿도 마치 선물 같다고 말해 준다. 만약 우리가 아기 예수님께 선물을 드린다면 무엇이 좋을지 이야기를 나누어 본다.

❸ 간식을 먹은 후 마무리 정리를 잘하도록 지도한다.

마무리

❶ 오늘 새롭게 알게 된 내용이나 기억에 남는 성경 이야기, 하나님께 하고 싶은 말 등에 대해 이야기를 나누고 나만의 기록장을 기록해 보게 한다. 메시지 카드(지도자용 팩)를 프린트해 사용해도 좋다.
tip 시간 여건에 맞게 교회나 가정에서 기록할 수 있도록 지도한다.

❷ 가족 활동을 소개하고, 한 주 동안 가정에서 실천하도록 격려한다.

가족과 활동해요

• 크리스마스에 받은 선물 중에서 가장 좋았던 것이 무엇인지 이야기해 보세요. 하나님이 우리를 죄에서 구원하기 위해 아들이신 예수님을 이 땅에 선물로 보내 주셨다고 설명해 주세요.
• 아이들과 함께 깨끗한 장난감을 정리해 아이들을 돌보는 다양한 시설에 기증해 보세요.

❸ 소그룹 활동지를 떼어 파일에 끼우고 가방에 정리하게 한다.

❹ 아이들을 위해 기도한다.

> **인도자** 사랑하는 하나님, 예수님은 하나님이 약속하신 구원의 왕이심을 믿어요. 십자가에서 죽으시고 부활하신 예수님을 믿는 사람은 누구나 죄를 용서받고, 하나님 나라에서 영원히 살 수 있게 해 주셔서 감사해요. 우리가 날마다 왕 되신 예수님을 사랑하고 경배하게 해 주세요. 예수님의 이름으로 기도합니다. 아멘.

❺ 아이를 데리러 온 부모에게 아이가 특별히 즐거워했거나 잘했던 활동들에 대해 이야기해 주고, 가정에서 성경 읽기와 가족 활동을 진행할 수 있도록 격려한다.

 **나만의 기록장**

왕 되신 예수님께 경배하는 나와 친구들, 가족들 그리기

복음 초청 가이드

나를 위한 하나님의 멋진 계획

'복음'이라는 말을
들어 본 적 있니?
복음이란
'좋은 소식'이라는
뜻이야.
우리에게 보내신
하나님의 좋은 소식이
무엇일까?

하나님은 세상을 만드셨단다

하나님이 세상을 만드시고, 사람을 만드셨어. 그리고 사랑하셨지.
(창 1:1; 골 1:16~17; 계 4:11)

사람들은 죄를 짓고 하나님을 떠났어

그런데 사람들이 죄를 지어서 하나님과 함께 살 수 없게 되었어.
결국 죽을 수밖에 없게 되었지.
(롬 3:23, 6:23)

하나님은 구원 계획을 갖고 계시단다

하나님은 우리를 사랑하셔서 우리가 하나님과 함께 살기 원하셨어.
그래서 우리(너)를 위한 놀라운 계획을 세우셨단다.
(요 3:16; 엡 2:8~9)

예수님이 우리에게 생명을 주셨어

하나님은 아들 예수님을 보내셨고, 예수님은 우리 죄를 대신해 십자가에서 죽
으시고, 3일 만에 다시 살아나셨어. 우리에게 영원한 생명을 주시고 하나님과
함께 살 수 있는 길을 열어 주신 거야.
(롬 5:8; 고후 5:21; 벧전 3:18)

예수님! 우리의 마음에 오세요!

예수님을 믿고 마음에 받아들이면 하나님의 자녀가 된단다.
이것이 가장 좋은 소식, 복된 소식, 복음이란다.
(요 1:12~13; 롬 10:9~10, 13)

예수님을 영접하기 원하는 어린이가 있다면 개인적으로 상담하고 영접 기도를 할 수 있도록 도와주세요.

예수님이 ○○를 사랑하시는 것을 믿겠니?
예수님이 ○○의 죄를 씻어 주신 것을 믿겠니?
예수님을 ○○의 마음에 받아들이겠니?

믿음을 고백하고 예수님을 영접하기 원하는 어린이를 위해 간절히 기도해 주세요.

이제 ○○는 하나님의 자녀(아들, 딸)가 되었어!
이것이 예수님을 통해 ○○에게 이루어 주신 하나님의 계획이야!
○○야, 하나님의 자녀(아들, 딸) 된 것을 축하해!

부활절

창세전에 시작된 하나님의 구원 계획은 예수 그리스도의 죽음, 장사, 부활로 최고조에 이릅니다. 사람들은 예루살렘에 오신 예수님을 왕으로 환영했지만, 그들은 얼마 지나지 않아 예수님을 십자가에 못 박았습니다. 예수님은 우리를 대신해 희생 제물이 되셨습니다. 십자가에서 죽으시고 부활하신 예수님은 죄인들을 구원하시고 하나님과의 관계를 회복하게 하셨습니다.

예수님이
예루살렘에
들어가셨어요

예수님이
부활하셨어요

날아라 풍선

카운트다운 영상(지도자용 팩)은 예배 대형으로 모이거나 대형을 바꾸며 준비할 시간을 알리는 데
활용한다. 익숙해질 때까지 중간에 남은 시간을 알리는 것도 좋다.
예) "1분 전입니다", "30초 전입니다. 마음을 가다듬고 기도하며 하나님께 나아갑시다" 등.

네가 만일 네 입으로 예수를 주로 시인하며 또 하나님께서 그를 죽은 자 가운데서 살리신 것을
네 마음에 믿으면 구원을 받으리라(롬 10:9).

로마서 10:9

원곡 : 주여 진실하게 하소서

작곡 : anonymous
편곡 : 김효정

5 예수님이 예루살렘에 들어가셨어요

[마 21:1~17; 막 11:1~11;
눅 19:28~44; 요 12:12~19]

주제	사람들은 예수님을 왕으로 맞이했어요.
예수님 생각하기	사람들은 예수님을 환영했어요. 예수님을 그들의 왕이라고 생각했지요. 예수님은 스가랴 선지자가 기록한 대로 나귀를 타고 오셨어요(슥 9:9). 언젠가 흰말을 타신 예수님이 모든 것을 다스리는 왕으로 다시 오실 거예요(계 19:11).
단원 암송	롬 10:9
성경의 초점	누가 우리를 죄에서 구원할 수 있나요? 오직 예수님이 우리를 죄에서 구원하세요.

부활절 한 주 전 주일은 종려주일입니다. 종려주일은 예수님이 유월절 주간에 예루살렘에 왕 중의 왕으로 입성하신 것을 기념하는 날입니다. 많은 하나님의 백성이 유월절을 지내기 위해 예루살렘에 모였습니다. 예수님과 제자들도 유월절을 지내기 위해 예루살렘으로 갔습니다. 감람산 근처 벳바게와 베다니에 이르렀을 때, 예수님이 제자 둘을 마을로 보내셨습니다.

예수님은 "너희는 맞은편 마을로 가라 그리로 들어가면 아직 아무도 타 보지 않은 나귀 새끼가 매여 있는 것을 보리니 풀어 끌고 오라 만일 누가 너희에게 어찌하여 푸느냐 묻거든 말하기를 주가 쓰시겠다 하라"(눅 19:30~31)라고 말씀하셨습니다. 예수님은 "보라 네 왕이 네게 임하시나니 그는 … 나귀를 타시나니"(슥 9:9)라고 전한 스가랴 선지자의 예언을 이루셨습니다.

예수님의 예루살렘 입성은 장관이었습니다. 예수님은 나귀를 타셨고, 사람들은 겉옷을 바닥에 깔고 나뭇가지를 길에 폈습니다. 사람들은 예수님이 장차 오실 메시아라고 생각했습니다. 예수님이 로마 정권을 전복시키고 이 땅의 왕좌를 차지하시기를 기대했습니다. 그러나 예수님이 전하신 메시지는 사람들의 기대와 달랐습니다.

다음 날 성전에 가신 예수님은 돈 바꾸는 사람들의 상과 비둘기 파는 사람들의 의자를 둘러엎으셨습니다. 예수님은 이사야 56장 7절을 인용하시며 자신이 유대인뿐만 아니라 만민의 왕이라고 선포하셨습니다. 그리고 성전에서 맹인들과 걷지 못하는 사람들을 고치셨습니다. 예수님은 "나는 너희의 왕일 뿐 아니라 너희의 하나님"이라고 선언하셨습니다(사 35:4~6 참조).

제사장들과 서기관들이 성전에서 아이들이 예수님을 왕으로 경배하는 소리를 듣고 예수님께 "그들이 하는 말을 듣느냐?"라고 물었습니다. 예수님은 시편 8편 2절 말씀을 인용해 답하셨습니다. "어린 아기와 젖먹이들의 입에서 나오는 찬미를 온전하게 하셨나이다 함을 너희가 읽어 본 일이 없느냐"(마 21:16). 예수님은 아이들의 찬양을 기쁘게 받으셨습니다. 예수님은 찬양을 받기에 합당하신 분이기 때문입니다.

●● 티칭 포인트

부활절을 준비하면서 아이들이 오실 메시아에 대한 하나님의 약속과 예수님이 이 땅에 오신 사건을 연결할 수 있도록 도와주십시오. 예수님이 이 땅에 오신 이유는 우리를 죄에서 구원하기 위해서라는 것을 아이들이 이해하도록 도와주십시오.

예수님이 예루살렘에 들어가셨어요

마 21:1~17; 막 11:1~11; 눅 19:28~44; 요 12:12~19

이스라엘의 명절인 유월절이 돌아왔어요. 많은 이스라엘 사람이 예루살렘에 모여 하나님이 이스라엘 백성을 이집트의 포로에서 자유롭게 해 주신 일을 기억했어요. 예수님과 제자들도 예루살렘으로 향했어요. 예수님은 제자 둘을 먼저 마을로 보내셨어요. 예수님이 말씀하셨어요. "마을에 가면 아직 아무도 타 보지 않은 나귀 새끼가 묶여 있는 것을 보게 될 것이다. 그 나귀를 풀어서 여기로 끌고 오라. 만약 누가 왜 이렇게 하느냐 묻거든 주가 쓰시겠다 하라." 제자들은 예수님이 말씀하신 대로 했어요. 그들은 겉옷을 나귀의 등에 펴고 예수님이 타시도록 했어요.

사람들은 길에 자기들의 겉옷을 깔았고 종려나무 가지를 잘라 바닥에 펴기도 했어요. 앞에서 가고 뒤에서 따르는 사람들이 소리 높여 예수님을 찬양했어요. "호산나 다윗의 자손이여 찬송하리로다 주의 이름으로 오시는 이여 가장 높은 곳에서 호산나!" '호산나'라는 말은 '우리를 구원하소서'라는 뜻이에요.

하지만 그 모습을 본 종교 지도자들은 좋아하지 않았어요. 그들은 예수님께 사람들을 조용히 시키라고 말했어요. 예수님은 그들에게 "만일 이 사람들이 침묵하면 돌들이 소리 지르리라"라고 답하셨어요.

예수님이 예루살렘에 들어가시자 그 성에 있는 사람들이 "저 사람이 누구냐?"라고 물었어요. 사람들은 "갈릴리 나사렛에서 나온 선지자 예수다"라고 말했어요. 그들은 반만 알고 있었어요. 예수님은 하나님의 선지자가 아니라 하나님의 아들이시거든요!

예수님은 예루살렘 성전으로 가셔서 장사하던 사람들을 모두 내쫓으셨어요. 그리고 맹인들과 저는 자들이 예수님께 오자 그들을 고쳐 주셨어요.

종교 지도자들은 예수님의 기적을 본 아

• 이야기 TIP •

- **동극을 해요** : 종이로 만든 종려나무 가지와 구겨져도 되는 겉옷, 상자를 이용해 만든 '나귀'를 준비해 둔다. 아이들에게 예루살렘에 들어가시는 예수님을 환영하는 '이스라엘 백성'의 역할을 맡긴다. 교사에게 '예수님' 역할을 맡겨 '나귀'를 타고 행진하게 한다. '이스라엘 백성'에게 "호산나!" 하고 외치며 '예수님'을 환영하는 장면을 꾸며 보자고 한다.
- **나귀를 데려와요** : 장난감 나귀를 미리 숨겨 둔다. 자원하는 아이에게 숨겨 둔 '나귀'를 찾아오게 하고, 오늘의 이야기 성경을 들려주다가 제자들이 예수님께 나귀를 데리고 오는 부분에서 아이가 '나귀'를 인도자에게 가져오게 한다.
- **군중이 되어 보아요** : 이야기 성경을 들려주는 중에 종려나무 가지에 대한 내용이 나오면 손을 머리 위로 들고 "호산나!"라고 소리치기로 약속하고 활동한다. 또한 예수님이 성전에서 사람들의 병을 고치시는 내용이 나오면 예수님을 찬양("예수님이 말씀하시니 바디매오가 눈을 떴다네" 등)하기로 약속하고 활동한다.

이들이 "호산나 다윗의 자손이여"라고 찬양하는 소리를 들었어요. 그들은 예수님께 "지금 아이들이 하는 말이 들리는가? 당신을 왕이라고 하고 있다"라고 했어요. 예수님은 이렇게 대답하셨어요. "맞다. 시편 말씀에, 어린 아기와 젖먹이들이 찬양할 것이라고 말했다." 예수님은 그들을 떠나서 베다니로 가셨어요.

사람들은 예수님을 환영했어요. 예수님을 그들의 왕이라고 생각했지요. 예수님은 스가랴 선지자가 기록한 대로 나귀를 타고 오셨어요(슥 9:9). 언젠가 흰말을 타신 예수님이 모든 것을 다스리는 왕으로 다시 오실 거예요(계 19:11).

가스펠 준비

싱글벙글 — 환영해요

"주님 부활하셨다"(지도자용 팩)를 튼다. 아이들을 반갑게 맞이하며 헌금과 기도를 도와준다. 예배 중 헌금 순서가 있다면 아이들이 헌금을 잘 간수하도록 돕는다. 가방과 외투를 정리하도록 안내한다. 새로 온 아이가 있다면 음수대와 화장실의 위치를 알려 주고, 보호자와 만나는 시간과 방법 등을 소개한다. 보호자들을 위한 안내문을 붙여 아이와 만나는 시간, 기다리는 장소, 헌금 방법, 아이에 대한 특별한 주의 사항을 교사에게 미리 알려 달라는 당부 등을 공지한다.

너랑 나랑 — 마음 열기

주제와 관련 있는 퍼즐이나 블록 등 아이들이 좋아하는 장난감을 몇 가지 비치해 두고 다양한 활동을 하며 예배를 준비하도록 돕는다. 아이들이 마음을 열고 오늘의 주제에 관심을 갖게 하며 예배에 집중할 수 있도록 도와준다. 교회 형편에 맞게 시간과 활동 방법을 조절한다.

종려나무 잎에 '호산나!'를 새겨요 ✳

❶ '호산나 종려나무 가지' 그림(지도자용 팩)을 아이들의 수만큼 프린트
   해 둔다.

❷ 아이들에게 종려나무 사진 자료(지도자용 팩)를 보여 준다.

❸ 종려나무 가지 생화를 보여 주고 ❷와 비교해 볼 수 있도록 지도한다.

❹ 아이들에게 ❶을 한 장씩 나누어 주고, 숫자 1부터 15까지 선을 그어
   종려나무 잎의 윤곽을 그리게 한다.

❺ 종려나무 잎을 예쁘게 색칠하게 한다. '호산나!'는 '우리를 구원하소
   서'라는 뜻이라고 설명해 준다.

인도자 종려나무 잎을 즐겁게 만들었지요? 다음 주는 부활절이고, 부활절 전 주일인 오늘
은 종려주일이라고 해요. 종려주일이라고 부르는 이유는 사람들이 종려나무 가지
를 흔들거나 예수님이 지나가시는 길에 깔아 드리며 예수님을 찬양했기 때문이에
요. 왜 사람들이 종려나무 가지를 흔들며 예수님을 환영하고 찬양했는지 궁금하지
요? 오늘의 성경 이야기를 잘 들어 보아요.

환호하며 친구를 맞이해요 ✳

❶ 예배실 입구에 교사들을 두 줄로 마주 세운다. 아이들이 예배실에 들어올 때마다 위엄 있는 목소리로 "○○○
   (아이의 이름)를 맞이하라!" 하고 외친 후 박수하며 환호해 준다.

❷ 먼저 온 아이들에게 교사들 옆에 서서 같은 방식으로 친구들을 환호하며 맞이해 주면 된다고 말한다.

   `tip` 입장을 마친 아이들에게 왕관을 씌우고 사진을 찍어 주는 것도 좋다.

인도자 친구들의 환영을 받으며 걸어가는 것이 재미있었나요? 오늘의 성경 이야기에서 예
수님이 예루살렘에 들어가시는 장면도 아주 흥미진진했어요. 수많은 사람이 겉옷
을 벗거나 종려나무 가지를 꺾어서 예수님이 나귀를 타고 지나가시는 길에 깔았어
요. 화려한 왕관을 쓰신 대신 나귀를 타고 예루살렘으로 들어오시는 예수님을 왕으
로 생각하고 반갑게 맞이한 거예요. 사람들은 왕 되신 예수님을 맞이하며 "호산나!"
라고 외쳤어요. 왜 "호산나!"라고 외쳤는지 오늘의 성경 이야기를 잘 들어 보아요.

 **예배 대형으로 모이기**

• 카운트다운 영상, 모이기 노래 등을 활용해 예배 대형으로 바꾸고 마음을 준비하게 한다.
• 공간을 이동해야 한다면 종려나무 가지를 흔들며 "호산나, 호산나!" 외치며 가도록 한다.

가스펠
설교

하나 — 들어가기

종려나무 가지를 아이들에게 하나씩 나누어 주고 흔들라고 한다.

오늘의 성경 이야기에서 사람들은 자기 겉옷과 종려나무 가지를 길에 깔고 예수님을
소리 높여 찬양했어요. 과연 무슨 일이 있었는지 이야기를 잘 들어 보세요.

둘 — 성경 이야기

마태복음 21장을 편다. 설교 영상(지도자용 팩)을 보여 주거나 이야기 성경을 들려준다.

하나님은 성경에 하나님의 말씀을 담아 주셨어요. 성경은 세상에서 가장 중요한 책이
에요. 성경과 같은 책은 이전에도 없었고, 이후에도 없을 거예요. 성경에 나오는 모든
이야기는 사실이에요. 오늘의 성경 이야기도 실제로 일어난 일이에요. 오늘의 성경 이
야기는 신약성경 중에서 '마태복음', '마가복음', '누가복음', '요한복음'에 나와요. 복음
서 전체에 나오는 것이지요. '복음'이라는 단어는 '좋은 소식'이라는 뜻이에요. 복음서
는 예수님이 우리를 구원하기 위해 오셨다는 좋은 소식을 우리에게 말해 주어요.

셋 — 메시지와 정리

오래전에 스가랴 선지자는 특별한 왕이 나귀를 타고 올 것이라고 예언했어요. 이제 예
언의 주인공이신 예수님이 예루살렘에 들어오셨어요! 예수님이 겸손하게 나귀를 타
고 예루살렘에 들어오실 때 **사람들은 예수님을 왕으로 맞이했어요.**

연대표(지도자용 팩)를 가리키면서 복습 질문을 한다.

1. 예수님이 예루살렘에 들어오실 때 사람들은 어떻게 했나요? 예수님을 왕으로 맞이했다

2. 예수님이 타신 동물은 무엇이었나요? 나귀

3. 구약성경에서 왕들은 보통 어떤 동물을 탔나요? 말

4. 사람들은 예수님이 지나가시는 길에 무엇을 깔았나요? 겉옷과 종려나무 가지

5. '호산나'는 무슨 뜻인가요? 우리를 구원하소서

6. 사람들이 예수님을 찬양할 때 종교 지도자들도 기뻐했나요? 아니다, 그들은 화가 났다

7. 성전에서 맹인들과 저는 자들을 위해 예수님은 무엇을 하셨나요? 고쳐 주셨다

8. 예수님은 사람들이 예수님을 찬양하지 않으면 무엇이 찬양할 것이라고 말씀하셨나
   요? 돌들

넷 — 성경의 초점

2단원 성경의 초점 질문과 답을 알려 줄게요. 잘 기억하세요. **"누가 우리를 죄에서 구
원할 수 있나요?"** 답은 **"오직 예수님이 우리를 죄에서 구원하세요."** 예수님은 죄로 인
해 받아야 할 벌에서 사람들을 구원하기 위해 이 땅에 오셨어요. **사람들은 예수님을 왕
으로 맞이했어요.** 그들은 "호산나!" 하고 소리쳤어요. '호산나'라는 말은 '우리를 구원
하소서'라는 뜻이에요. 그리고 예수님은 '호산나'라는 말대로 사람들을 구원하러 이
땅에 오셨어요.

다섯 — 복음 초청

성경과 61쪽 복음 초청 가이드를 이용해서 아이들에게 그리스도인이 되는 법을 설명해 준다. 따로 상담
해 줄 사람을 정해 주고 궁금한 점이 있으면 물어보도록 격려한다.

이 시간 예수님을 믿고 마음에 모시고 싶은 친구는 함께 기도해요.

여섯 — 기도

하나님, 예수님이 하나님의 구원 계획을 이루기 위해 예루살렘에 들어가셨음을 믿어
요. 왕 되신 예수님을 기쁘게 맞이했던 사람들처럼, 저도 예수님이 온 세상의 왕으로
다시 오실 날을 기다려요. 그리고 이 기쁜 소식을 온 세상에 전하며 살고 싶어요. 우리
에게 힘을 주세요. 예수님의 이름으로 기도합니다. 아멘.

일곱 — 암송송

성경에서 로마서 10장 9절을 펴고 큰 소리로 여러 번 따라 읽게 한다.

예수님은 선지자 스가랴가 예언한 대로 나귀를 타셨어요. 예수님은 십자가에서 죽으
시고 다시 살아나셔서 우리를 구원해 주셨어요. '시인한다'는 말은 고백한다는 뜻이에
요. 2단원 암송 구절은 우리가 구원받기 위해 필요한 것은 마음으로 예수님을 받아들
이고, 하나님이 예수님을 죽음에서 살리셨다는 사실을 인정하는 것이라고 말하고 있
어요. 예수님을 믿고 입으로 고백하는 우리가 되어요.

암송송(93쪽)에 맞추어 손유희를 하며 말씀을 익힌다.

"네가 만일 네 입으로 예수를 주로 시인하며 또 하나님께서 그를 죽은 자 가운데서 살
리신 것을 네 마음에 믿으면 구원을 받으리라"(롬 10:9).

가스펠 소그룹

말씀 놀이

왕 되신 예수님을 맞이해요

1) 미로 찾기 ┄┄┄ 준비물 ▶ 유치부 교재 19쪽, 색연필

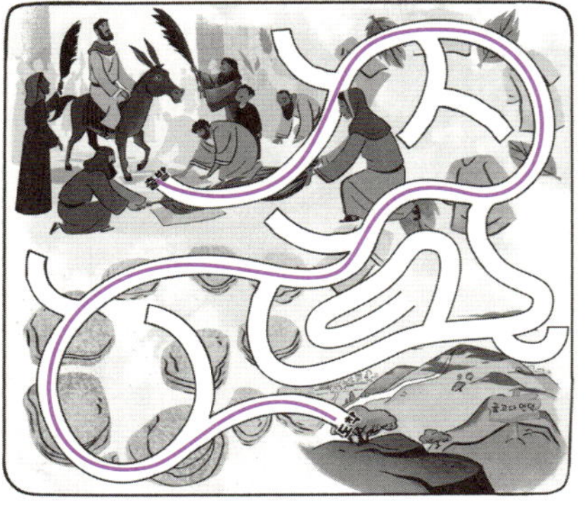

이야기 나누기
- 왕이신 예수님은 왜 멋진 마차나 흰말이 아닌 나귀를 타고 예루살렘에 들어가셨을까요?
- 잡히실 것을 알면서도 예수님은 왜 예루살렘 에 가셨을까요?

❶ "우리를 구원하소서! 호산나!" 사람들은 예루살렘에 들어오신 예수님께 종려나무 가지를 흔들고 겉옷을 깔며 환영했다고 말해 준다.

❷ 색연필을 이용해 예루살렘에서 골고다 언덕까지의 길을 따라가 보라고 한다.

2) 가지 만들기 ┄┄┄ 준비물 ▶ 유치부 교재 39쪽 '종려나무 가지' 그림, 나무젓가락, 리본 끈, 셀로판테이프

❶ 유치부 교재 39쪽 '종려나무 가지' 그림을 떼어 관찰하게 한다.

❷ 뒷면에 셀로판테이프를 이용해 나무젓가락을 붙이고, 손잡이 부분에 리본 끈 으로 장식하게 한다.

❸ '예수님' 역할을 맡을 자원자를 한 명 정하고 '예수님'이 지나가실 때 ❷ 를 흔들며 "호산나!"를 외치게 한다.

인도자 예수님이 예루살렘에 들어오시자 많은 사람이 모였어요. 사람들은 길에 자기들의 겉옷을 깔았고 종려나무 가지를 잘라 바닥에 펴기도 했어요. 사람들은 다윗의 자손으로 오신 왕, 예수님이 자신들을 구원하실 것이라고 믿었어요. 그래서 종려나무 가지를 흔들며 "호산나!"(우리를 구원하소서)라고 외쳤지요. **사람들은 예수님을 왕으로 맞이했어요.** 그런데 예수님은 십자가에 못 박혀 죽으심으로 우리를 구원하기 위해 예루살렘에 들어가고 계셨던 거예요. 예수님은 죽으셨지만 다시 살아나셨어요. 예수님은 우리를 구원하신 우리의 왕이세요!

복음을 전해요

  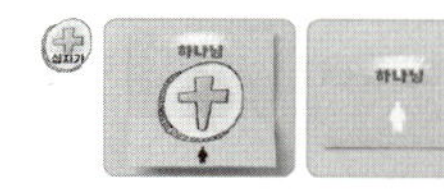

    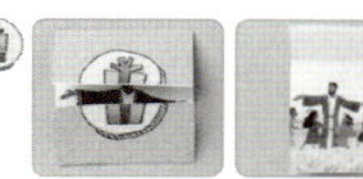

이야기 나누기
- 좋은 소식, 복음을 친구에게 이야기해 보세요.
- 누가 사람들을 구원할 계획을 세우셨나요?

❶ 유치부 교재 39쪽 '복음 이야기 조각' 그림을 떼어 유치부 교재 20~21쪽 ◈, ▲, ★, ■ 표시에 맞게 풀로 붙이라고 한다.

❷ ❶을 순서대로 접었다 펴며 복음 이야기를 기억해 예수님을 모르는 가족이나 친구에게 복음을 전하라고 한다.

> **인도자** 하나님은 세상을 창조하시기 전부터 우리를 향한 놀라운 구원 계획을 갖고 계셨어요. 하나님은 온 세상을 창조하셨고, 다스리세요. 창조주 하나님이 우리의 왕이세요. 그런데 사람들은 하나님의 다스리심을 따르지 않고 불순종하는 죄를 지었어요. 그 결과 하나님께로부터 멀어졌지요. 하나님은 하나뿐인 아들, 예수님을 이 땅에 보내 주셨어요. 예수님이 우리의 죄를 대신 없애 주려고 십자가에서 죽으심으로 우리는 죄와 죽음에서 자유로워졌어요. 예수님을 믿으면 누구든지 영원한 생명을 얻고 하나님과 함께 영원히 살게 되어요. 이것이 우리가 받은 가장 큰 선물이에요.

'호산나' 예수님을 환영해요

1) 숨은그림찾기

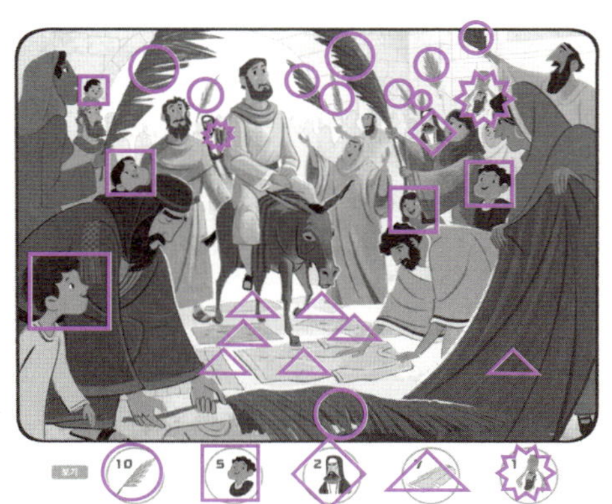

이야기 나누기
- 사람들은 예수님을 맞이하며 무엇을 흔들었나요? 그들은 무엇이라고 외쳤나요?
- 사람들은 왜 예수님을 환영했을까요?

❶ 예수님이 예루살렘성에 들어오실 때 사람들은 어떤 반응을 보였는지 이야기를 나눈다.

❷ 보기 를 각각 숫자만큼 찾아 ○표 하라고 한다.

> tip 정확한 개수를 찾지 못해도 괜찮다고 말해 둔다.

 하나님은 온 세상을 죄에서 구원하는 계획을 이루기 위해 예수님을 보내 주셨어요. 이 땅에 아기로 오셨던 예수님은 아프고 병든 사람들을 고치며 하나님 나라에 대해 가르쳐 주셨어요. 예수님이 예루살렘에 들어오실 때 **사람들은** 기뻐하며 **예수님을 왕으로 맞이했어요.** 어떤 사람들은 예수님을 못마땅한 얼굴로 바라보기도 했지만 많은 사람들이 예수님을 환영했어요. 그들은 선지자 스가랴가 기록한 대로 나귀를 타고 오신 예수님이 자신들의 왕이신 것을 알고 있었어요(슥 9:9).

2) 문고리 만들기

❶ 유치부 교재 29쪽 '호산나 문고리' 그림을 떼어 이야기를 나눈 뒤, 인도자를 따라 '호산 나! 구원의 왕 예수님'과 뒷면의 마태복음 21장 9절 말씀을 읽어 보게 한다.

❷ 빈 곳을 색칠해 '하나님의 구원 계획'에 따라 오신 예수님을 사람들이 맞이하는 장면 을 완성하게 한다.

❸ 완성된 문고리를 현관이나 방문 손잡이에 걸어 두고 예수님이 우리를 구원하신 왕이 심을 사람들에게 알려 주자고 격려한다.

tip 투명 시트지나 손코팅지로 덮어 더 견고하게 만드는 것도 좋다.

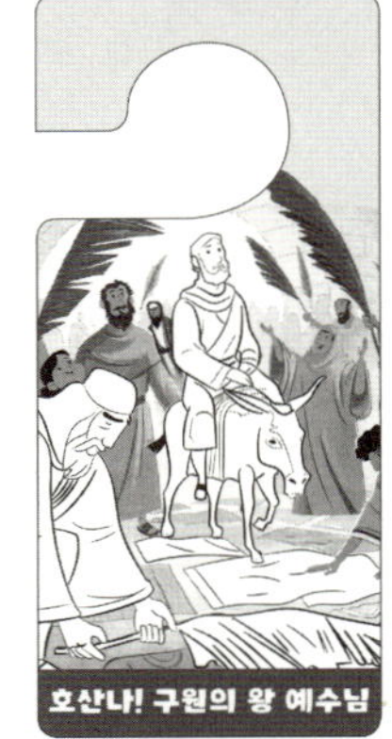

 하나님은 온 세상을 죄에서 구원하기 위해 예수님을 보내 주셨 어요. 예수님이 예루살렘에 들어오실 때 사람들은 기뻐하며 반 갑게 맞이했지요. **사람들은 예수님을 왕으로 환영했어요.** 예루 살렘에 도착하신 예수님은 성전으로 가셨고, 맹인들과 다리 저는 사람들을 고쳐 주 셨어요. 예수님은 하나님의 계획을 다 아시고 하나님의 뜻을 이루기 위해 십자가에 서 죽으시고 부활하셔서 우리를 죄에서 구원하셨어요.

"우리를 구원하소서" 기도를 드려요 *

❶ 구원이 필요한 나라의 아이들 사진을 함께 보며 그들이 어떤 어려움에 처해 있는지 생각해 보게 한다.

❷ 사진 속 아이들에게 무슨 일이 일어나고 있는지, 그들에게 어떤 구원이 필요한지 이야기해 준다.

❸ 그들을 도와줄 수 있는 방법이 있는지 잠시 생각해 보게 한 후 왕 되신 예수님이 모든 아이를 구원해 주시기를 중보하는 시간을 갖는다.

 예수님은 스가랴 선지자가 말한 대로 나귀를 타고 겸손한 왕으로 예루살렘에 오셨 어요. 사람들은 겉옷을 벗어 예수님이 가시는 길에 깔았어요. **사람들은 예수님을 왕 으로 맞이했어요.** 언젠가 흰말을 타신 예수님이 모든 것을 다스리는 왕으로 다시 오실 거예요. 이 기쁜 소식을 고통과 어려움에 처해 있는 나라의 모든 아이가 들을 수 있도록 함께 전하며 다시 오실 왕, 예수님을 기다려요.

부활절 초대장을 만들어요 ✳

❶ 아이들에게 A5 도화지와 꾸미기 도구를 나누어 준다.
❷ 교회에 초대하고 싶은 친구가 있는지 물어보고, 그 친구에게 줄 '부활절 초대장'을 만들자고 한다.
　tip '부활절 초대장'에 붙일 수 있게 '교회 주소'와 '유치부 예배 안내'를 프린트한 우편용 라벨지를 활용해도 좋다.
❸ 도화지를 반으로 접어 안과 겉을 자유롭게 꾸미게 한다.
❹ 완성된 '부활절 초대장'을 꼭 전달하겠다고 다짐하고 활동을 마무리한다.

인도자 오늘은 종려주일이에요. 예수님이 왕 중의 왕으로 예루살렘에 들어오신 날을 축하했어요. 당시 **사람들은 예수님을 왕으로 맞이했어요.** 하지만 바로 며칠 뒤에 예수님은 우리의 죄를 위해 십자가에 달려 죽으셨어요. 다음 주일은 부활주일이에요. 부활주일에 우리는 하나님이 예수님을 죽은 자 가운데 살리신 일을 기뻐할 거예요. 우리 모두는 예수님이 어떻게 우리를 죄에서 구원하셨는지, 그 기쁜 소식을 듣게 될 거예요. 예수님의 기쁜 소식을 함께 듣고 싶은 친구들을 초대해서 같이 예배드리면 좋겠어요. 그러면 우리 하나님이 정말 기뻐하실 거예요.

나귀 꼬리를 달아 주어요 ✳

❶ 4절지에 꼬리가 없는 나귀를 그려 예배실 한쪽 벽에 붙여 놓는다.
❷ 8절지에 나귀 꼬리를 아이들의 수만큼 그리고 자른 후 각각 안쪽에 박스테이프를 돌돌 말아 붙여 둔다. 각각의 꼬리에 아이들의 이름을 적어 둔다.
❸ 컬러 박스 테이프를 이용해 ❶에서 약 1.5m 떨어진 곳에 출발선을 표시해 둔다.
❹ 아이들을 한 명씩 출발선에 세우고, 눈가리개를 채워 주고, 자기 나귀 꼬리를 손에 쥐어 준다. 제자리에서 2바퀴 돈 다음 나귀 꼬리를 '나귀'에게 붙여 주면 된다는 게임의 규칙을 설명해 준다.
　tip 아이가 넘어지지 않고 '나귀' 앞까지 이동할 수 있도록, 꼬리가 '나귀'에게 잘 붙도록 도와준다.
❺ 모든 아이가 꼬리를 붙인 후 누구의 꼬리가 가장 정확히 붙었는지 확인해 본다.

인도자 오래전에 스가랴 선지자는 특별한 왕이 나귀를 타고 예루살렘성으로 들어올 것이라고 예언했어요. 왕이신 예수님은 겸손하게 나귀를 타셨어요. 언젠가 흰말을 타신 예수님이 모든 것을 다스리는 왕으로 다시 오실 거예요.

간식

준비물 ▶ 나뭇잎(또는 나귀) 모양의 쿠키 틀로 자른 식빵, 딸기잼, 플라스틱 칼, 숟가락, 접시, 우유

❶ 카운트다운 영상, 정리하기 노래 등을 활용해 활동이 끝났음을 알린다. 아이들에게 주변을 정리하게 하고, 화장실에 가거나 물티슈 등을 이용해 손을 씻을 시간을 준다.

❷ 감사 기도를 드리고 나뭇잎 모양의 쿠키 틀로 자른 식빵을 아이들에게 2장씩 나누어 주고, 딸기잼을 발라 샌드위치를 만들어 먹자고 한다. 예수님이 예루살렘에 들어오실 때 사람들이 종려나무 가지를 흔들며 예수님을 왕으로 맞이하고 기뻐했다고 말해 준다. 언젠가 예수님은 만왕의 왕으로 이 땅에 다시 오실 것이라고 이야기한다.

❸ 간식을 먹은 후 마무리 정리를 잘하도록 지도한다.

마무리

준비물 ▶ 소그룹 활동지, 파일, 메시지 카드(지도자용 팩)

❶ 오늘 새롭게 알게 된 내용이나 기억에 남는 성경 이야기, 하나님께 하고 싶은 말 등에 대해 이야기를 나누고 나만의 기록장을 기록해 보게 한다. 메시지 카드(지도자용 팩)를 프린트해 사용해도 좋다.

tip 시간 여건에 맞게 교회나 가정에서 기록할 수 있도록 지도한다.

❷ 가족 활동을 소개하고, 한 주 동안 가정에서 실천하도록 격려한다.

가족과 활동해요

• 동물원에 가서 나귀를 찾아보세요. 예루살렘에 나귀를 타고 오신 예수님의 겸손함에 대해 함께 이야기하세요.

• 일주일 동안 고난주간에 맞추어 가족과 함께 경건의 시간을 가져 보세요.

❸ 소그룹 활동지를 떼어 파일에 끼우고 가방에 정리하게 한다.

❹ 아이들을 위해 기도한다.

인도자 예수님은 겸손하게 나귀를 타셨지만 이 세상과 우주의 가장 높은 왕이심을 믿어요. 예수님이 다시 오실 때 예루살렘 사람들처럼 왕 되신 예수님을 기쁘게 환영하며 하나님 아버지와 함께 영원히 살고 싶어요. 예수님의 이름으로 기도합니다. 아멘.

❺ 아이를 데리러 온 부모에게 아이가 특별히 즐거워했거나 잘했던 활동들에 대해 이야기해 주고, 가정에서 성경 읽기와 가족 활동을 진행할 수 있도록 격려한다.

 **나만의 기록장**

예수님을 환영하는 내 모습 그리기

6

예수님이
부활하셨어요

(마 26:36~28:10; 요 18:1~20:18)

주제	예수님은 십자가에서 죽으시고 부활하셔서 우리를 죄에서 구원하셨어요.
예수님 생각하기	예수님의 십자가와 부활은 복음의 가장 중요한 부분이에요. 죄로 인해 죽을 수밖에 없는 우리를 위해 아무 잘못이 없는 예수님이 대신 희생 제물이 되셨어요. 예수님의 죽으심으로 우리는 죄를 용서받았어요. 하나님은 예수님을 죽음에서 다시 살리셔서 모든 창조물을 다스리게 하셨어요.
단원 암송	롬 10:9
성경의 초점	누가 우리를 죄에서 구원할 수 있나요? 오직 예수님이 우리를 죄에서 구원하세요.

신명기 6장 5절을 보면 사람들을 향한 하나님의 법은 간단합니다. 그러나 하나님의 백성을 비롯한 모든 사람은 그 법을 지키지 않았습니다. 우리는 하나님보다 다른 것을 더 사랑합니다. 그것은 죄입니다.

예수님이 이 땅에 오신 목적은 우리를 죄에서 구원하는 것입니다(마 1:21 참조). 왜 예수님은 십자가에서 죽으셔야만 했을까요? 어째서 예수님은 단순히 "네 죄가 사하여졌다"라고 말씀하지 않으셨을까요? 하나님은 공의로우시고 죄에 대한 대가를 요구하시기 때문입니다. 대가 없이 죄를 용서하는 것은 부당합니다. 하나님의 말씀에 따르면 죄의 삯은 사망입니다(롬 6:23 참조). 그러나 하나님은 공의의 하나님인 동시에 사랑의 하나님이십니다. 이것이 바로 예수님이 십자가에서 우리 대신 죽으신 이유입니다.

예수님은 우리를 향한 하나님의 사랑을 보여 주기 위해 이 땅에 오셔서 죽으셨습니다(롬 5:7~8 참조). 예수님을 믿는 자들은 누구나 멸망하지 않고 영원한 생명을 얻게 하셨습니다(요 3:16 참조). 우리를 용서받게 하시려고 예수님이 우리 대신 죽으셨습니다(엡 1:7 참조). 예수님의 죽음은 우리를 하나님께 인도합니다(벧전 3:18 참조).

예수님은 십자가에서 죽으심으로 죄를 향한 하나님의 진노를 담당하셨습니다. 예수님의 부활은 하나님이 예수님의 희생을 받으셨을 뿐 아니라 예수님 안에서 용서와 생명을 주셨다는 것을 확증합니다(고전 15:17 참조). 만약 예수님이 죽으신 후 부활하지 않으셨다면 예수님은 권력을 얻지 못한 채 죽은 정치 지도자들과 다를 바 없었을 것입니다(행 5:33~37 참조). 그러나 예수님은 자신이 말씀한 대로 죽음을 정복하셨습니다(요 2:19~21 참조).

예수님의 부활은 우리에게 부활에 대한 소망을 줍니다(롬 6:5 참조). 또한 로마서 8장 11절은 예수님을 죽음에서 살리신 영이 우리 몸도 죽음에서 살리실 것이라고 말합니다.

●● 티칭 포인트

예수님의 십자가와 부활은 모든 이야기의 끝이 아닌 중심입니다. 구약의 선지자들이 예수님에 관해 예언한 모든 것이 이루어졌습니다. 아이들을 가르칠 때, 복음을 강조하십시오. 예수님이 누구이신지, 그리고 어떤 일을 하셨는지 알려 주십시오.

예수님이 부활하셨어요

마 26:36~28:10; 요 18:1~20:18

예수님과 제자들은 겟세마네로 향했어요. 예수님은 매우 슬프셨어요. 예수님은 하나님께 기도하셨어요. "아버지, 할 수 있다면 이 잔을 내게서 거둬 주십시오. 그러나 내 뜻대로 하지 마시고 아버지의 뜻대로 하십시오." 예수님이 기도하시는 동안 제자들은 잠이 들었어요. 예수님은 제자들에게 "때가 가까이 왔다. 일어나라" 하고 말씀하셨어요.

그때 갑자기 유다가 한 무리의 사람들과 함께 나타났어요. 유다는 예수님께 입을 맞추어 사람들에게 예수님이 누구신지 알렸어요. 사람들은 예수님을 잡아 체포했어요. 베드로가 그들을 막으려 했지만, 예수님은 베드로를 말리셨어요. 예수님은 이 모든 것이 하나님의 계획이라는 것을 알고 계셨어요.

예수님의 제자들은 모두 도망갔어요. 하지만 베드로는 근처에 남았어요. 사람들은 베드로를 보고 세 번이나 "이 사람은 나사렛 예수와 함께 있었다"라고 말했어요. 그러자 베드로는 "아니다. 나는 그 사람을 알지 못한다!"라고 말했어요. 예수님을 부인했어요.

예수님은 대제사장에게 끌려가셨어요. 대제사장은 예수님께 "네가 하나님의 아들인 메시아인지 우리에게 말하라"라고 말했어요. 예수님은 "네 말이 맞다"라고 대답하셨어요. 그러자 대제사장은 이렇게 말했어요. "너는 하나님을 *모독했다. 그러므로 사형을 받아 죽어야 한다!" 종교 지도자들은 예수님이 하나님의 아들이시라는 사실을 믿지 못했어요.

그들은 예수님을 그 땅을 다스리고 있었던 빌라도라는 로마 사람에게 데리고 갔어요. 빌라도는 예수님께 "네가 유대인의 왕이냐?"라고 물었어요. 예수님은 "네 말이 옳도다"라고 대답하셨어요. 빌라도가 사람들에게 물었어요. "내가 예수를 어떻게 하랴?" 그러자 사람들은 "십자가에 못 박으시오!"라고 대답했어요.

군인들은 예수님께 가시관을 씌웠어요. "왕이면 왕답게 차려입어야지!" 하며 예수님께 붉은 옷을 입혔고, 예수님 앞에 무릎 꿇는 흉내를 냈어요. 그리고 예수님을 십자가에 못 박아 죽게 하려고 끌고 갔어요. 군인들은 예수님을 십자가에 못 박았어요. 예수님의 머리 위에는 "나사렛 예수, 유대인의 왕"이라고 쓴 표지판이 달렸어요. 예수님의 양옆에는 죄를 지은 두 사람이 함께 십자가에 매달려 있었어요. 어둠이 땅을 덮었어요. 오후가 되자 예수님이 외치셨어요. "나의 하나님, 나의 하나님, 어찌하여 나를 버리시나이까!" 예수님은 다시 한 번 소리치시고 죽으셨어요.

예수님은 무덤에 묻히셨어요. 무덤 입구는 돌로 막혀 있었고 빌라도의 군인들은 아무도 예수님의 몸을 가져가지 못하도록 무덤 앞을 지켰어요. 3일째가 되자, 막달라 마리아와 또 다른 마리아가 무덤으로 향했어요. 그들은 예수님이 돌아가셔서 매우 슬펐어요. 그때 갑

자기 큰 지진이 일어났고 하나님의 천사가 하늘로부터 내려와 돌을 굴려 내고 그 위에 앉았어요. 지키던 군인들은 무서워서 기절했어요.

천사가 말했어요. "너희는 무서워하지 말라! 십자가에 못 박히신 예수를 찾는 줄 내가 안다. 예수님은 여기 계시지 않다. 예수님은 그분이 말씀하시던 대로 살아나셨다. 그리고 갈릴리로 가고 계신다." 여자들은 정말 기뻤어요! 예수님은 더 이상 죽어 계시지 않고 살아나셨어요!

그때 예수님이 나타나 말씀하셨어요. "평안하냐?" 여자들은 예수님을 경배했어요. 예수님은 "무서워하지 말라"고 하시고는 "가서 내 형제들에게 갈릴리로 가라고 하라. 거기서 나를 보리라"라고 말씀하셨어요.

● ● 예수님 생각하기

예수님의 십자가와 부활은 복음의 가장 중요한 부분이에요. 죄로 인해 죽을 수밖에 없는 우리를 위해 아무 잘못이 없는 예수님이 대신 희생 제물이 되셨어요. 예수님의 죽으심으로 우리는 죄를 용서받았어요. 하나님은 예수님을 죽음에서 다시 살리셔서 모든 창조물을 다스리게 하셨어요.

★ 모독 : 말이나 행동으로 더럽혀 욕되게 함

● 이야기 TIP ●

- **소도구를 사용해요** : 예수님의 고난 및 부활절과 관련된 여러 가지 물건들을 찍은 사진 자료(가시 면류관, 채찍, 붉은 옷, "나사렛 예수, 유대인의 왕"이라고 쓴 표지판, 십자가 등)를 준비한다. 사진 자료들을 펼쳐 두고 이야기 성경을 들려주는 동안 해당하는 내용이 나올 때 들어서 보여 준다.
- **공간을 나누어 활용해요** : 예배실 공간을 '대제사장의 뜰', '갈보리 언덕', '돌무덤' 등 여러 장소로 구분해 둔다. 이야기 성경 내용에 맞게 아이들과 함께 공간을 이동한다.
- **그림을 그려요** : 인도자가 이야기 성경을 들려주는 동안 다른 교사가 앞으로 나와 화이트보드에 해당하는 그림을 그린다. 예) 예수님이 동산에서 기도하시는 장면 : 기도하는 손 / 유다가 예수님께 입을 맞추는 장면 : 입술 / 예수님이 빌라도에게 끌려가시는 장면 : 왕관 / 예수님이 십자가에 못 박히시는 장면 : 십자가 / 예수님이 장사 되시는 장면 : 무덤 / 여자들이 빈 무덤을 발견하는 장면 : 무덤 앞에 있던 돌이 옮겨진 모습 등.

싱글벙글 환영해요

"주님 부활하셨다"(지도자용 팩)를 튼다. 아이들을 반갑게 맞이하며 헌금과 기도를 도와준다. 예배 중 헌금 순서가 있다면 아이들이 헌금을 잘 간수하도록 돕는다. 가방과 외투를 정리하도록 안내한다. 새로 온 아이가 있다면 음수대와 화장실의 위치를 알려 주고, 보호자와 만나는 시간과 방법 등을 소개한다. 보호자들을 위한 안내문을 붙여 아이와 만나는 시간, 기다리는 장소, 헌금 방법, 아이에 대한 특별한 주의 사항을 교사에게 미리 알려 달라는 당부 등을 공지한다.

너랑 나랑 마음 열기

주제와 관련 있는 퍼즐이나 블록 등 아이들이 좋아하는 장난감을 몇 가지 비치해 두고 다양한 활동을 하더 예배를 준비하도록 돕는다. 아이들이 마음을 열고 오늘의 주제에 관심을 갖게 하며 예배에 집중할 수 있도록 도와준다. 교회 형편에 맞게 시간과 활동 방법을 조절한다.

무엇이 어울리지 않나요? ✳

준비물 ▶ '어울리지 않는 그림 찾기' 자료(지도자용 팩), 연필

❶ 아이들에게 '어울리지 않는 그림 찾기' 자료(지도자용 팩)를 한 장씩 나누어 주고 어떤 내용인지 이야기를 나누어 본다.

❷ 각 줄에 그려진 그림 하나하나를 살펴보면서 어울리지 않는 그림에 ○표 하라고 한다.

❸ ○표 한 그림들은 오늘의 성경 이야기와 관련이 있는 하나님의 계획에 포함된다고 이야기해 주며 활동을 마무리한다.

인도자 지난주 우리는 예수님이 예루살렘으로 들어가실 때 사람들이 어떻게 예수님을 왕으로 환영했는지에 대해 배웠어요. 그런데 이상하게도, 오늘의 성경 이야기에서는 예수님께 정말 끔찍한 일이 일어났어요. 어떻게 왕에게 이런 일이 일어났을까요? 정말 상상도 못할 일이에요. 그러나 예수님께 일어난 모든 일은 하나님의 계획에 속한 일이었어요. 이 세상을 죄에서 구원하시려는 하나님의 계획 말이지요. 이제 오늘의 성경 이야기를 귀 기울여 들어 보세요.

기쁜 얼굴과 슬픈 얼굴을 해요 ✱

❶ 아이들에게 종이접시를 하나씩 나누어 준다.

❷ 접시의 한쪽 면에는 기쁜 얼굴을 그리고, 반대쪽 면에는 슬픈 얼굴을 그리게 한다.

❸ 아이들에게 여러 가지 상황을 들려줄 텐데 잘 들어 보고 기쁜 상황이면 기쁜 얼굴을, 슬픈 상황이면 슬픈 얼굴을 보이게 하면 된다는 게임의 규칙을 설명해 준다.

　예) "상을 탔어요", "강아지가 아파요", "그네에서 떨어졌어요", "제일 친한 친구가 집으로 놀러왔어요", "내 생일이에요", "가장 아끼는 장난감이 망가졌어요", "누군가가 아이스크림을 주었어요" 등.

> **인도자** 여러분은 정말 슬펐거나 정말 기뻤던 순간이 있나요? 오늘의 성경 이야기에서는 정말로 슬픈 일이 일어났어요. 그런데 또 놀랍고 기쁜 일이 일어났지요. 어떤 일인지 궁금하지요? 다 함께 알아보아요.

살아 있는 것과 죽은 것을 찾아보아요 ✱

❶ 여러 종류의 잡지를 준비해 아이들에게 적합하지 않은 광고나 내용은 제거한다.

❷ 아이들에게 네임펜과 잡지를 나누어 준다.

❸ 잡지에서 살아 있는 것을 찾아 ○표, 죽은 것을 찾아 X표 하게 한다. 설명이 필요할 경우 적절하게 답해 준다.

　tip 잡지를 구하기 어려운 경우 살아 있는 것과 죽은 것 이미지들을 다양하게 모아 프린트해 사용해도 좋다.

> **인도자** 하나님만이 우리에게 생명을 주시고 살게 하실 수 있어요. 그런데 오늘의 성경 이야기에서는 하나님의 하나뿐인 아들, 예수님이 죽으셨어요. 예수님은 하나님의 백성을 구원하기 위해 이 땅에 오신 메시아인데 죽으셨다니 놀랐지요? 십자가에서 죽으신 예수님이 우리를 어떻게 구원하실 수 있을까요? 걱정하지 마세요. 하나님이 지금까지 있었던 일들 중에서 가장 놀라운 일을 행하셨거든요. 오늘의 성경 이야기를 잘 듣고 예수님께 어떤 일이 일어났는지 알아보아요.

무슨 기도를 하고 있을까요? *

❶ 아이들에게 기도하는 사람들의 사진 자료를 보여 주며 사람들이 지금 무엇을 하고 있는지 물어본다.

❷ 사람들은 하나님께 어떤 기도를 드릴 것 같은지, 하나님께 무슨 이야기를 하고 있을 것 같은지 생각해 보라고 한다.

❸ 예수님이 기도하시는 그림 자료를 보여 준다.

> **인도자** 예수님은 지금 무슨 기도를 하고 계실까요? 또 어떤 마음으로 기도하고 계실까요? 오늘의 성경 이야기에서 예수님은 제자들을 데리고 겟세마네 동산으로 가셨어요. 예수님은 몹시 슬프셨어요. 과연 예수님이 무엇 때문에 슬퍼하셨는지, 예수님은 하나님께 무슨 기도를 드리셨는지 오늘의 성경 이야기를 잘 들어 보아요.

예배 대형으로 모이기

- 카운트다운 영상, 모이기 노래 등을 활용해 예배 대형으로 바꾸고 마음을 준비하게 한다.
- 공간을 이동해야 한다면 승리의 용사처럼 씩씩하게 걸으며 가도록 한다.

가스펠 설교

하나 — 들어가기

오늘의 성경 이야기는 성경에서 가장 중요한 이야기예요. 예수님은 죄인들을 구원하려고 이 땅에 오셨어요. 예수님은 십자가에서 죽으시고 부활하셔서 우리를 죄에서 구원하셨어요. 오늘의 성경 이야기는 가장 슬프게 시작하지만 가장 기쁘게 끝나요.

둘 — 성경 이야기

마태복음 26~28장을 편다. 설교 영상(지도자용 팩)을 보여 주거나 이야기 성경을 들려준다.

성경은 하나님의 말씀이에요. 성경에 있는 모든 이야기는 사실이에요! 성경은 예수님이 우리를 위해 하신 일에 대해 말해 주어요. 예수님께 정말 끔찍한 일들이 일어났지만 모든 일은 하나님의 계획 안에 있었어요. 예수님은 십자가에서 죽으시고 부활하셔서 우리를 죄에서 구원하셨어요. 예수님은 우리를 매우 사랑하셔서 모든 고난을 겪으시고 우리의 죄를 단번에 영원히 용서하셨어요. 예수님은 부활하셨어요! 언젠가 예수님은 이 땅에 다시 오실 것이고, 우리는 예수님과 함께 영원히 살 거예요.

셋 — 메시지와 정리

예수님이 십자가에서 죽으시자 제자들은 슬퍼했어요. 예수님이 하나님이 약속하신 바로 그 왕이시라고 생각했기 때문이에요. **예수님은 십자가에서 죽으시고 부활하셔서 우리를 죄에서 구원하셨어요.** 하나님은 예수님을 죽은 자 가운데서 다시 살리시고 세상 모든 것의 왕이 되게 하셨어요!

연대표(지도자용 팩)를 가리키면서 복습 질문을 한다.

1. 예수님이 군인들에게 붙잡히시자 제자들은 어떻게 했나요? 모두 도망갔다
2. 군인들은 예수님의 머리에 무엇으로 만든 왕관을 씌웠나요? 가시
3. 예수님의 머리 위에 달린 표지판에는 "유대인의 왕, 나사렛 예수"라고 적혀 있었어요. 이 말은 사실인가요, 거짓인가요? 사실이다
4. 예수님이 무덤에 장사된 지 사흘째 되던 날, 무덤으로 간 사람들은 누구누구였나요? 마리아라고 불렸던 예수님의 두 여자 제자들

5. 천사는 두 여인에게 무엇이라고 말했나요? "예수님은 그분이 말씀하시던 대로 살아나셨다"

6. 예수님은 두 여인에게 무엇을 전하라고 하셨나요? "가서 내 형제들에게 갈릴리로 가라고 하라. 거기서 나를 보리라"라고 전하게 하셨다

넷 — 성경의 초점

누가 우리를 죄에서 구원할 수 있나요? 오직 예수님만이 우리를 죄에서 구원하세요. 예수님은 아무런 죄도 없으세요. 죽어야 할 이유가 없었지요. 우리는 죄로 인해 죽어야 하지만 예수님이 우리 대신 죽으셨어요. **예수님은 십자가에서 죽으시고 부활하셔서 우리를 죄에서 구원하셨어요.** 하나님이 우리를 사랑하셔서 보내 주신 예수님이 하신 일을 믿으면 누구든지 죄를 용서받아요. 예수님이 우리의 죄를 용서해 주세요.

다섯 — 복음 초청

성경과 61쪽 복음 초청 가이드를 이용해서 아이들에게 그리스도인이 되는 법을 설명해 준다. 따로 상담해 줄 사람을 정해 주고 궁금한 점이 있으면 물어보도록 격려한다.

이 시간 예수님을 믿고 마음에 모시고 싶은 친구는 함께 기도해요.

여섯 — 기도

사랑의 하나님, 우리는 자꾸만 하나님께 불순종하는 죄를 지어요. 그런 우리가 받아야 할 벌을 대신 받게 하시려고 예수님을 보내 주셔서 감사해요. 예수님은 십자가에서 죽으셨지만 다시 살아나셔서 왕 중의 왕이 되셨어요. 예수님을 믿는 사람은 누구나 죄를 용서받음을 믿어요. 예수님을 통해 보여 주신 하나님 아버지의 놀라운 사랑을 기억하며 온 세상에 예수님을 전하며 살래요. 예수님의 이름으로 기도합니다. 아멘.

일곱 — 암송송

성경에서 로마서 10장 9절을 펴고 큰 소리로 여러 번 따라 읽게 한다.

로마서 10장 9절에서 '주'라는 말은 왕이신 하나님을 의미해요. 예수님은 우리의 하나님이시며 왕이세요. 이 말씀은 우리가 예수님을 우리의 하나님이자 왕으로 믿고, 예수님이 죽으시고 부활하셔서 우리를 죄에서 구원하셨다는 사실을 믿으면 우리의 죄를 용서해 주신다고 말해요. 예수님을 믿으면 예수님과 함께 영원히 살 수 있어요.

암송송(93쪽)에 맞추어 손유희를 하며 말씀을 익힌다.

"네가 만일 네 입으로 예수를 주로 시인하며 또 하나님께서 그를 죽은 자 가운데서 살리신 것을 네 마음에 믿으면 구원을 받으리라"(롬 10:9).

알콩달콩 말씀 놀이

예수님의 삶을 따라가 보아요

준비물 ▶ 유치부 교재 24쪽, 색연필

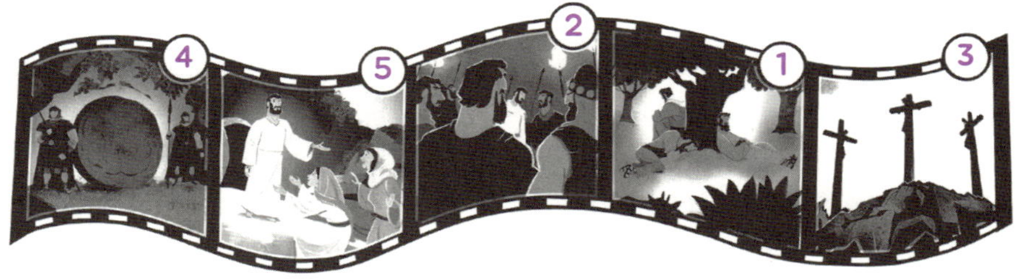

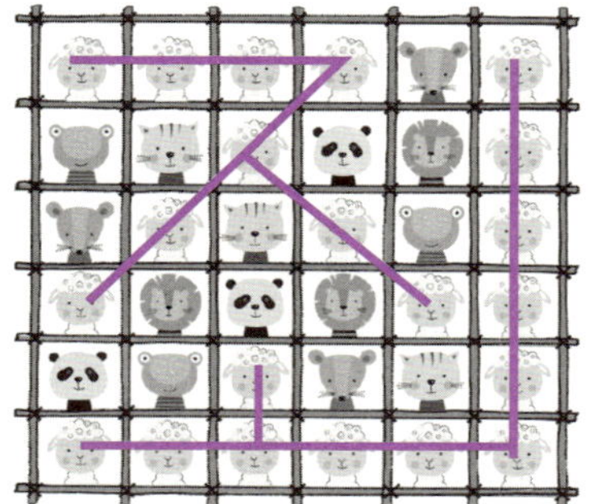

예수님이 우리의 [죄]를 대신 지셨어요.
예수님을 믿으면 [죄]를 용서받고
영원한 생명을 얻어요.

이야기 나누기
- 십자가에 달리신 예수님을 보신 하나님의 마음은 어땠을까요?
- 예수님이 죽으시고 다시 살아나시지 않았다면 우리는 어떻게 되었을까요?

❶ 유치부 교재 24쪽 그림을 하나하나 살펴보면서 각각 어떤 상황인지 이야기를 나누어 본다.

❷ 예수님께 어떤 일이 일어났는지 순서대로 번호를 적게 하고, 하나님의 아들이신 예수님이 왜 십자가에서 죽으셨다가 3일 만에 다시 살아나셨지 물어본다.

❸ 🐑 을 찾아 색칠해 암호 글자(죄)를 찾게 한다.

❹ 암호 글자(죄)를 빈칸에 적어 다음 문장을 완성해 보라고 한다. 선생님을 따라 문장을 읽도록 지도한다. "예수님이 우리의 죄를 대신 지셨어요. 예수님을 믿으면 죄를 용서받고 영원한 생명을 얻어요."

인도자 아담과 하와 이후의 모든 사람은 죄를 지었어요. 그 결과 모든 사람은 죽을 수밖에 없었지요. 그런데 하나님은 온 세상을 죄에서 구원하기 위해 계획을 세우셨고, 그 계획을 이루기 위해 예수님을 보내 주셨어요. 이 땅에 아기로 오셨던 예수님은 아프고 병든 사람들을 고쳐 주시면서 하나님 나라에 대해 가르치셨어요. **예수님은** 하나님의 계획을 다 아시고 하나님의 뜻을 이루기 위해 **십자가에서 죽으시고 부활하셔서 우리를 죄에서 구원하셨어요.** 하나님은 예수님을 죽은 자 가운데서 살리셔서 온 세상을 다스리는 왕이 되게 하셨어요. 예수님을 믿는 사람은 누구나 하나님 나라에 살며, 예수님의 사랑을 기억하고 찬양해요.

예수님이 죄인을 구원하셨어요

이야기 나누기
- 장사 지낸 지 사흘 만에 무덤에 찾아간 여인들
  은 무엇을 알게 되었나요?
- 누구에게 기쁜 소식, 복음이 필요한가요?

❶ 아이들에게 예수님이 십자가에 달리신 모습을 생각해 보자고 한다. "죄가 없으신 예수님이 누구를 위해 죽으
셨을까요?" 하고 질문을 던진 후 이야기를 나누어 본다.

❷ 유치부 교재 25쪽 그림을 하나하나 살펴보며 어떤 상황인지 말해 본다. 하나님은 그림 속 친구들이 어떻게 하
기를 바라실지 이야기해 보게 한 후 잘못한 행동을 한 친구들도 하나님이 사랑해 주실지 물어본다.

❸ 우리도 잘못된 행동을 할 때가 많다고 말하고, 예수님을 믿고 모든 죄를 용서받은 내 모습을 거울 속에 그려 보
게 한다.

인도자 지금까지 이 땅에 살았던 모든 사람은 죄인이에요. 단 한 분, 예수님만 빼고요! **예수
님은 결코 죄를 지은 적이 없지만 십자가에서 죽으시고 부활하셔서 우리를 죄에서
구원하셨어요.** 성경에서 그 무엇보다 중요한 내용은 예수님이 죽으시고 다시 살아
나신 일이에요. 예수님이 이 땅에 오신 이유이기도 하지요. 하나님은 우리가 예수님
을 믿을 때 우리의 죄를 용서해 주세요. 예수님이 우리를 위해 대신 죽으셨기 때문
이에요.

예수님의 부활을 전해요

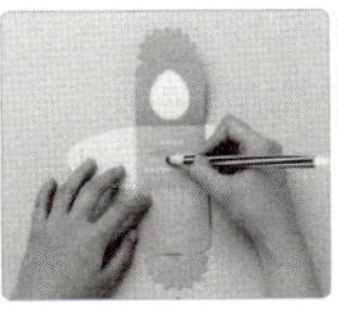

이야기 나누기
- 예수님의 부활 소식을 전해 주고 싶은 사람은 누
  구인가요?
- 부활하신 예수님께 하고 싶은 말은 무엇인가요?

❶ 삶은 달걀을 꾸민다.

  tip 위생을 위해 달걀 꾸미기는 생략해도 좋다.

❷ 특별 부록 '부활절 달걀 상자'를 접는 선대로 접고, 유치부 교재 41쪽 '예수님이 부활하셨어요' 스티커를 붙이게
한다.

❸ 상자 안쪽 메시지를 적는 곳 빈칸에 전도할 친구나 가족의 이름을 쓰게 한다.

❹ 예수님을 모르는 가족이나 친구에게 예수님이 부활하셨다는 부활의 기쁜 소식을 전하도록 격려하고, 선물을 건네는 연습을 해 본다.

> **인도자** 부활절 달걀 선물을 만들어 보았어요. 참 잘했어요! 우리가 선물하는 부활절 달걀과 예수님이 부활하셨다는 부활의 기쁜 소식을 들은 가족이나 이웃이 우리처럼 예수님을 믿게 되면 정말 좋겠어요. **예수님은 십자가에서 죽으시고 부활하셔서 우리를 죄에서 구원하셨어요.** 예수님의 십자가와 부활은 복음의 가장 중요한 부분이에요. 예수님은 아무 잘못이 없으셨지만 우리의 죄를 대신해 희생 제물이 되셨어요. 예수님이 우리 대신 죽으심으로 우리는 죄 용서를 받았어요. 우리는 영원히 하나님과 함께 살 수 있어요.

십자가 사랑 놀이를 해요 *

> **준비물 ▶** A1 크기의 밤색 우드락, 커터 칼, 검은색 포스트잇, 하트 모양 포스트잇

❶ A1 크기의 밤색 우드락을 십자가 모양을 커터 칼로 자른 후 아이들 키 높이에 맞춰 예배실 한쪽 벽에 세워 둔다.

❷ 아이들과 함께 사람들이 저지르는 죄와 잘못된 행동들에 대해 이야기한 후 각각 자신들이 개인적으로 저지르는 잘못이 무엇인지 물어본다.

> **tip** 아이들이 친구나 형제의 잘못이 아니라 자기 자신에 대해 이야기하도록 부드럽게 권한다.

❸ 자신의 잘못된 행동들을 고백하고 싶은 친구들은 앞으로 나와 인도자에게서 '죄'를 상징하는 검은색 포스트잇을 한 장 받아 십자가에 붙이게 한다.

> **tip** 교사가 먼저 시범을 보여 주고 아이들이 따라서 활동할 수 있도록 지도한다.

❹ 더 이상 고백할 친구가 없으면 다 같이 "예수님, 우리의 죄를 용서해 주세요!"라고 크게 외친다.

❺ 인도자가 '예수님' 역할을 맡아 십자가로 다가가서는 '죄'를 모두 떼어 버린다.

❻ '예수님'이 모든 아이에게 다가가 '예수님의 사랑'을 상징하는 하트 모양 포스트잇을 한 장씩 가슴에 붙여 준다. 다 붙였으면 아이들과 함께 큰 소리로 "예수님이 우리의 죄를 깨끗하게 해 주셨어요!"라고 외친다.

> **인도자** 예수님이 우리의 죄를 대신 지심으로 하나님은 우리의 죄를 용서해 주세요. **예수님은 십자가에서 죽으시고 부활하셔서 우리를 죄에서 구원하셨어요.** 우리가 예수님을 믿으면 예수님은 우리의 모든 죄를 없애 주시고 우리를 거룩하게 해 주세요.

나는 누구일까요? *

❶ 아이들과 함께 오늘의 성경 이야기에 나오는 등장인물들을 떠올려 본다.

❷ 인도자가 "나는 누구일까요?"를 물어볼 텐데, 답을 아는 아이는 조용히 코를 만지고 있으면 된다고 말해 준다.
예) · "나는 사람들 앞에서 예수님께 입을 맞추어 예수님이 체포되도록 했어요. 나는 누구일까요?" 유다

- "나는 예수님이 체포되신 이후까지 남아 있었어요. 하지만 나는 사람들에게 세 번이나 예수님을 모른다고 대답했어요. 나는 누구일까요?" 베드로
- "나는 예수님이 사는 유대 땅을 다스리는 로마 사람이에요. 나는 사람들에게 예수님을 어떻게 할지 물어보았어요. 그들은 예수님을 십자가에 못 박으라고 했고 나는 그렇게 했어요. 나는 누구일까요?" 빌라도
- "우리는 예수님의 무덤에 갔어요. 천사가 나타나서 우리에게 예수님이 죽은 자들 가운데서 살아나셨다고 말했어요. 그리고 우리는 예수님을 만났어요. 우리는 누구일까요?" 두 명의 마리아
- "나는 결코 죄가 없지만 내 백성의 죄를 대신해서 십자가에서 죽었어요. 나는 죽임을 당했지만 부활해서 죄인들을 구원했어요. 나는 누구일까요?" 예수님
- "나는 예수님을 죽은 자 가운데서 살리고 모든 사람의 왕이 되게 했어요. 나는 누구일까요?" 하나님

❸ 조용히 코를 만지고 있는 아이들 중 한 명에게 답을 이야기하게 한다. 모든 아이가 코를 만지고 있으며 준비가 되었으면 다 같이 큰 소리로 답하게 한다.

> **예수님은 십자가에서 죽으시고 부활하셔서 우리를 죄에서 구원하셨어요.** 예수님은 죄가 없으시지만 우리 죄를 없애려고 십자가에서 대신 죽으셨어요. 그러나 하나님은 예수님을 죽음에서 다시 살리시고 이 세상 모든 것을 다스리는 왕이 되게 하셨어요. 예수님을 믿으면 누구든지 죄를 용서받고 영원히 하나님과 함께 살 수 있어요.

용서의 십자가 놀이를 해요 *

> 준비물 ▶ 20cm×10cm 크기의 검은색 시트지, 빨간색 시트지, 가위, 검은색 네임펜, 젤리

tip '런닝맨' 게임을 응용한 활동이다.

❶ 20cm×10cm 크기의 검은색 시트지에 '죄'라고 적어 '죄' 시트지를 아이들 수만큼 만들어 둔다.
❷ 20cm×10cm 크기의 검은색 시트지에 '사탄'이라고 적어 '사탄' 시트지를 한 장 만들고, 빨간색 시트지를 십자가 모양으로 잘라 '십자가'를 준비해 둔다.
❸ 아이들 중 한 명에게 '예수님' 역할을 맡겨 '십자가'를 가슴에 붙여 주고, 나머지 아이들에게는 등에 '죄'를 붙여 준다. 인도자가 '사탄' 역할을 맡아 '사탄' 시트지를 가슴에 붙인다.
❹ '예수님'이 여기저기 다니면서 모든 아이의 '죄'를 떼어 줄 때 '사탄'이 '죄'를 없애지 못하게 방해할 것이라는 게임의 규칙을 설명해 준다.
❺ '죄'가 떼어져서 예수님께 죄를 용서받은 아이들은 자리에 앉아서 젤리를 먹으면서 기도하는 마음으로 다른 친구들의 죄도 사라지기를 응원해 주도록 지도한다.

> **예수님은 십자가에서 죽으시고 부활하셔서 우리를 죄에서 구원하셨어요.** 세상에서 가장 중요한 사건은 예수님이 죽으시고 죽은 자 가운데서 다시 살아나신 일이에요. 예수님은 아무 잘못이 없으셨지만 우리의 죄를 대신해 죽으셨어요. 예수님이 우리 대신 죽으심으로 우리의 죄는 용서를 받았어요. 그러나 하나님은 예수님을 죽음에서 다시 살리셔서 모든 창조물을 다스리게 하셨어요.

기쁜 소식 전화 놀이를 해요 ✱

❶ 아이들에게 사용하지 않는 휴대전화를 나누어 준다.

❷ 아이들에게 휴대전화로 친구나 가족들에게 전화해서 "예수님은 십자가에서 죽으시고 부활하셔서 우리를 죄에서 구원하셨어요"라고 전하게 한다.

❸ 다른 사람에게 예수님에 대해 전하는 일은 무엇보다 중요하다고 설명한다.

❹ 아이들이 이 과의 주제를 말하게 하고 동영상을 촬영할 수 있는 도구로 녹화해 보호자와 공유한다.

> tip 동영상 촬영 시에는 사전에 보호자에게 미리 허락을 받고, 동의 없이 유출되지 않도록 주의한다.

> **인도자** 예수님이 죽으시고 다시 살아나신 일은 그 무엇보다 중요한 일이에요. **예수님은 십자가에서 죽으시고 부활하셔서 우리를 죄에서 구원하셨다**는 사실을 모든 사람이 알기를 바라요. 우리가 예수님을 믿으면 하나님은 우리의 죄를 용서해 주세요. 예수님이 우리를 위해 죽으셨기 때문이에요. 이 기쁜 소식을 모두에게 전해요!

공 굴리기 놀이를 해요 ✱

❶ 아이들을 서로 마주보도록 둥글게 넓게 세운다.

❷ 인도자가 공을 한 아이에게 굴려 주면 계속해서 다른 친구에게 굴려 주면 된다는 게임의 규칙을 설명해 준다.

> tip 모든 아이가 공을 한 번씩 굴려 볼 수 있도록 지도한다.

❸ "떴다 떴다 비행기" 노래를 개사해 여러 번 연습한 후 노래를 부르면서 활동한다.
가사) "예수님이 죽으시고, 다시 사셨네, 다시 사셨네! / 예수님이 다시 사셨네! 돌은 굴러갔네!"

> **인도자** 예수님의 무덤 입구는 큰 돌을 굴려 막아 놓았어요. 아무도 예수님의 몸을 훔쳐가지 못하도록 빌라도의 군인들이 무덤을 지켰어요. 무덤의 입구를 막으려면 돌이 얼마나 커야 할까요? 여러분은 그렇게 큰 돌을 옮길 수 있나요? 큰 돌은 누구라도 옮기기 어려울 거예요. 그런데 막달라 마리아는 무덤에 갔을 때 놀라운 일을 봤어요. 바로 그 무거운 돌이 굴려져서 무덤 문이 열려 있었던 거예요. 그리고 지금까지 일어난 모든 일 중에 가장 중요하고 놀라운 사건이 일어났지요. 그것은 바로 무덤이 비었다는 사실이에요. 왜냐하면 예수님이 죽으시고 죽은 자 가운데서 다시 살아나셨거든요. **예수님은 십자가에서 죽으시고 부활하셔서 우리를 죄에서 구원하셨어요.** 예수님을 죽은 자 가운데서 살리신 하나님은 예수님이 온 세상을 다스리는 왕이 되게 하셨어요.

준비물 ▶ 막대 과자, 접시

❶ 카운트다운 영상, 정리하기 노래 등을 활용해 활동이 끝났음을 알린다. 아이들에게 주변을 정리하게 하고, 화장실에 가거나 물티슈 등을 이용해 손을 씻을 시간을 준다.

❷ 감사 기도를 드리고 아이들에게 막대 과자를 간식으로 나누어 준다. 막대 과자 2개로 십자가를 만들어 보라고 한다. 예수님이 십자가에서 죽으시고, 죽은 자 가운데서 살아나신 일이 왜 지금까지 있었던 일들 중에서 가장 중요한 사건인지에 관해 이야기를 나눈다. 예수님은 죄가 없으시지만 우리의 죄 때문에 벌을 받으셨다고 다시 알려 준다. 예수님이 우리 대신 죽으셨기 때문에 하나님이 우리의 죄를 용서해 주셨다는 사실을 강조한다.

❸ 간식을 먹은 후 마무리 정리를 잘하도록 지도한다.

준비물 ▶ 소그룹 활동지, 파일, 메시지 카드(지도자용 팩)

❶ 오늘 새롭게 알게 된 내용이나 기억에 남는 성경 이야기, 하나님께 하고 싶은 말 등에 대해 이야기를 나누고 나만의 기록장을 기록해 보게 한다. 메시지 카드(지도자용 팩)를 프린트해 사용해도 좋다.

tip 시간 여건에 맞게 교회나 가정에서 기록할 수 있도록 지도한다.

❷ 가족 활동을 소개하고, 한 주 동안 가정에서 실천하도록 격려한다.

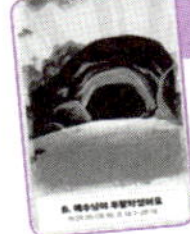

가족과 활동해요

• 탐정놀이를 하면서 부활 사건을 수사해 보세요.
• 아이들과 함께 자연을 거닐면서 살아 있는 것과 죽은 것을 구별해 보세요. 하나님이 예수님을 죽은 자 가운데서 다시 살리신 일이 얼마나 놀라운 사건인지에 대해 이야기 나누어 보세요.

❸ 소그룹 활동지를 떼어 파일에 끼우고 가방에 정리하게 한다.

❹ 아이들을 위해 기도한다.

> 인도자 하나님, 하나님의 멋진 구원 계획을 이루기 위해 이 땅에 오시고 십자가에서 죽으신 예수님을 다시 살려 주셔서 감사해요. 부활하신 예수님은 언제나 우리 곁에 계심을 믿어요. 예수님을 믿는 사람은 누구나 죄에서 구원받는다는 이 기쁜 소식을 전하는 우리가 되게 해 주세요. 예수님의 이름으로 기도합니다. 아멘!

❺ 아이를 데리러 온 부모에게 아이가 특별히 즐거워했거나 잘했던 활동들에 대해 이야기해 주고, 가정에서 성경 읽기와 가족 활동을 진행할 수 있도록 격려한다.

요한일서 4:9

원곡 : 구원 열차

작곡 : anonymous
편곡 : 김효정

보통 빠르기

로마서 10:9

원곡 : 주여 진실하게 하소서

작곡 : anonymous
편곡 : 김효정

네가 만일
(집게손가락으로 가리킴)

네 입으로
(두 손 펴고 입에 댐)

예수를
(오른손 엄지, 왼손 받침)

주로 시인하며
(두손 가슴에 포개고 고개를 끄덕거림)

또 하나님께서
(두 손 위로 올림)

그를
(오른손 엄지, 왼손 받침)

죽은 자 가운데서
(두 팔 쭉 뻗어 십자가를 만듦)

살리신 것을
(두 손 위로 올림)

네 마음에 믿으면
(기도손)

구원을 받으리라
(두 손 흔들며 아래에서 위로 올림)

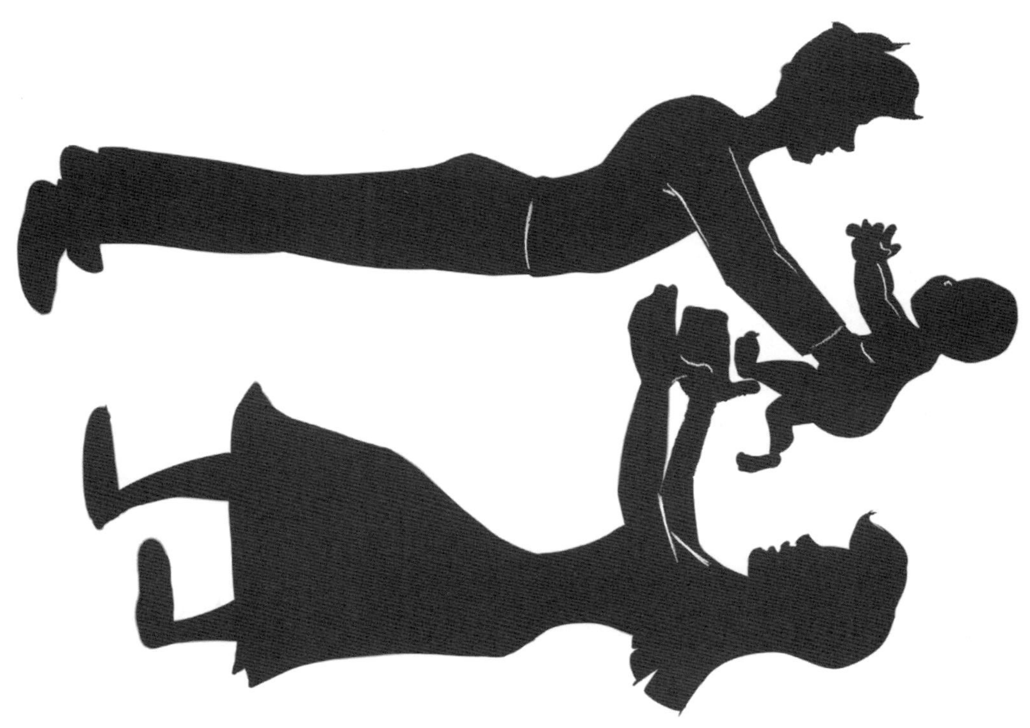

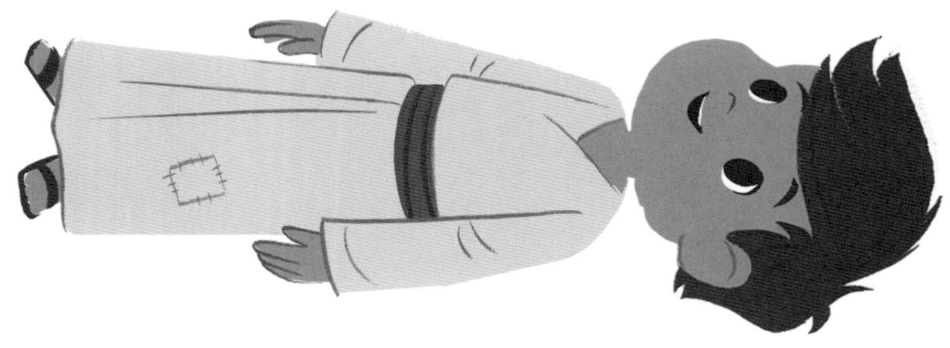

1권	2권	3권	4권	5권	6권
위대한 시작	**하나님의 구출 계획**	**약속의 땅**	**왕국의 성립**	**선지자와 왕**	**돌아온 하나님의 백성**
창	출, 레, 신	민, 수, 삿, 룻, 삼상	삼상, 삼하, 왕상, 욥, 전, 시, 잠	왕상, 왕하, 대하, 사, 렘, 겔, 호, 욘, 욜	단, 에, 느, 말
1단원 창조의 하나님	**1단원** 구출하시는 하나님	**1단원** 구원의 하나님	**1단원** 왕이신 하나님	**1단원** 계시하시는 하나님	**1단원** 보호하시는 하나님
1. 하나님이 세상을 창조하셨어요 2. 하나님이 사람을 창조하셨어요 3. 죄가 세상에 들어왔어요 4. 가인과 아벨이 제물을 드렸어요 5. 하나님이 노아와 가족을 구해 주셨어요 6. 바벨탑을 쌓던 사람들이 흩어졌어요	1. 모세를 부르셨어요 2. 이스라엘 백성은 재앙을 피했어요 3. 홍해를 건넜어요 4. 광야에서 시험을 치렀어요 5. 금송아지를 만들었어요	1. 약속의 땅을 정탐했어요 2. 놋뱀을 바라보았어요 3. 하나님이 여리고성을 주셨어요 4. 죄 때문에 아이성 전투에서 졌어요 5. 여호수아가 당부했어요	1. 이스라엘이 왕을 달라고 했어요 2. 하나님이 사울을 버리셨어요 3. 다윗이 골리앗과 맞섰어요 4. 다윗과 요나단이 친구가 되었어요 5. 하나님이 다윗과 언약을 맺으셨어요 6. 다윗이 하나님께 죄를 지었어요	1. 엘리야가 악한 아합을 꾸짖었어요 2. 엘리야가 이세벨을 피해 도망쳤어요 3. 하나님이 나아만을 고쳐 주셨어요 4. 하나님이 이사야를 부르셨어요 5. 이사야가 메시아에 대해 외쳤어요 6. 히스기야는 남 유다의 신실한 왕이었어요	1. 다니엘과 친구들이 하나님께 순종했어요 2. 사드락, 메삭, 아벳느고를 구하셨어요 3. 다니엘을 구하셨어요 4. 하나님의 백성을 고향으로 데려오셨어요 5. 성전을 다시 지었어요
2단원 언약을 맺으시는 하나님	**2단원** 거룩하신 하나님	**2단원** 다스리시는 하나님	**2단원** 지혜의 하나님	**2단원** 포기하지 않으시는 하나님	**2단원** 공급하시는 하나님
7. 하나님이 아브라함과 언약을 맺으셨어요 8. 하나님이 아브라함을 시험하셨어요 9. 하나님이 다시 약속하셨어요	6. 십계명 "하나님을 사랑하라" 7. 십계명 "이웃을 사랑하라" 8. 성막을 지었어요 9. 하나님이 제사의 규칙을 정해 주셨어요 10. 오직 하나님만 예배해요 11. 하나님의 언약을 기억해요	6. 사사들이 이스라엘 백성을 이끌었어요 7. 드보라와 바락이 노래했어요 8. 겁쟁이 기드온이 용사가 되었어요 9. 삼손에게 다시 힘을 주셨어요 10. 룻과 나오미를 보살펴 주셨어요 11. 하나님이 사무엘에게 말씀하셨어요	7. 솔로몬이 지혜를 구했어요 8. 지혜는 하나님께로부터 와요 9. 솔로몬이 성전을 지었어요 10. 이스라엘이 둘로 나뉘었어요	7. 하나님이 호세아를 통해 북 이스라엘에 사랑을 전하셨어요 8. 하나님이 요나를 통해 니느웨에 사랑을 전하셨어요 9. 하나님이 요엘을 통해 남 유다에 사랑을 전하셨어요	6. 에스더를 왕비로 세우셨어요 7. 에스더를 통해 하나님의 백성을 구하셨어요 8. 느헤미야가 예루살렘의 소식을 들었어요 9. 예루살렘 성벽을 다시 세웠어요 10. 에스라가 하나님의 율법을 읽었어요 11. 말라기가 하나님의 말씀을 전했어요
3단원 언약을 지키시는 하나님			**3단원** 주권자이신 하나님	**3단원** 새롭게 하시는 하나님	
10. 야곱이 복을 가로챘어요 11. 하나님이 야곱에게 새 이름을 주셨어요 12. 요셉이 이집트로 팔려 갔어요 13. 요셉의 꿈이 이루어졌어요			11. 솔로몬이 산다는 것에 대해 생각했어요 12. 욥이 고난을 받았어요 13. 하나님을 찬양해요	10. 하나님이 예레미야를 부르셨어요 11. 예레미야가 새 언약에 대해 예언했어요 12. 남 유다 백성이 포로로 잡혀갔어요 13. 에스겔이 앞날의 소망을 이야기했어요	

《가스펠 프로젝트- 성탄과 부활》의 구성

학생용

교사용

지도자용 팩(교사용+그림 자료+DVD-ROM)

1권	2권	3권	4권	5권	6권
위대한 복음	**비유와 기적**	**십자가와 부활**	**복음으로 세워진 교회**	**하나님의 편지**	**다시 오실 그리스도**
복음서	복음서	복음서, 행	행	서신서	행, 서신서, 계
1단원 성자 하나님	**1단원** 비유로 말씀하신 예수님	**1단원** 순종하신 예수님	**1단원** 능력을 주시는 성령님	**1단원** 인도하시는 하나님	**1단원** 하나님의 계획
1. 아브라함부터 예수님까지 2. 마리아가 하나님을 찬양했어요 3. 예수님이 태어나셨어요 4. 예수님이 성전에 계셨어요 5. 예수님이 세례를 받으셨어요 6. 예수님이 시험을 이기셨어요	1. 씨 뿌리는 농부 비유 2. 용서할 줄 모르는 종 비유 3. 선한 사마리아인 비유 4. 3가지 비유 5. 바리새인과 세리 비유 6. 악한 소작인 비유	1. 마리아가 예수님께 향유를 부었어요 2. 예수님이 성전을 깨끗하게 하셨어요 3. 예수님이 제자들과 마지막 만찬을 하셨어요 4. 예수님이 잡혀가셨어요	1. 약속하신 성령님이 오셨어요 2. 걷지 못하는 사람이 걷게 되었어요. 3. 스데반이 예수님을 전했어요 4. 에티오피아 관리가 예수님을 믿었어요 5. 베드로와 고넬료가 만났어요	1. 바울이 베드로의 행동을 나무랐어요 2. 교회가 나뉘었어요 3. 교회 안에 차별이 생겼어요 4. 서로 사랑하라 5. 교회 지도자들에게 편지를 보냈어요	1. 사람들이 바울을 막으려 했어요 2. 바울이 통치자들 앞에 섰어요 3. 바울이 로마에 가게 되었어요 4. 바울이 감옥에서도 하나님을 찬양했어요 5. 바울이 예수님에 관해 일깨워 주었어요
2단원 우리와 함께 계시는 하나님	**2단원** 기적을 행하신 예수님	**2단원** 구원자 예수님	**2단원** 보내시는 하나님	**2단원** 변화시키시는 하나님	**2단원** 소망을 주시는 하나님
7. 니고데모가 예수님을 찾아왔어요 8. 세례 요한이 예수님에 관해 말했어요 9. 예수님이 사마리아 여인을 만나셨어요 10. 예수님이 고향에서 거절당하셨어요 11. 예수님이 삭개오를 만나셨어요	7. 예수님이 물로 포도주를 만드셨어요 8. 예수님이 하늘의 떡을 주셨어요 9. 예수님이 물 위를 걸으셨어요	5. 예수님이 십자가에서 죽으셨어요 6. 예수님이 부활하셨어요 7. 예수님이 엠마오로 가는 제자들을 만나셨어요	6. 바울이 회개하고 세례를 받았어요 7. 바울의 첫 번째 전도 여행 8. 오직 그리스도 9. 바울의 두 번째 전도 여행 10. 바울이 아테네에서 복음을 전했어요 11. 바울의 세 번째 전도 여행	6. 우리는 하나님의 자녀예요 7. 마음을 새롭게 해 변화를 받아요 8. 성령의 열매를 맺어요 9. 하나님의 전신 갑주를 입어요 10. 기쁘게 주어요 11. 믿음의 사람들	6. 바울이 빌레몬에게 편지를 보냈어요 7. 바울이 소망을 전했어요 8. 유다가 믿음을 지키라고 말했어요 9. 베드로가 주님의 날을 기다리라고 했어요
	3단원 고치시는 예수님	**3단원** 부활하신 왕, 예수님			**3단원** 만물을 새롭게 하시는 하나님
	10. 예수님이 중풍 병자를 고치셨어요 11. 예수님이 귀신 들린 사람을 고치셨어요 12. 예수님이 여인을 고치시고 소녀를 살리셨어요 13. 예수님이 나사로를 살리셨어요	8. 예수님이 제자들에게 나타나셨어요 9. 예수님이 도마에게 나타나셨어요 10. 예수님이 베드로에게 나타나셨어요 11. 예수님이 지상 명령을 주셨어요 12. 예수님이 승천하셨어요 13. 예수님을 보내신 하나님을 찬양해요	※ 성탄과 부활		10. 요한이 환상을 보았어요 11. 일곱 교회를 향해 경고하셨어요 12. 어린양께 경배해요 13. 마라나타! 예수님, 어서 오세요!

※ 성탄과 부활

1단원	성탄절
	1. 왕을 기다려요 2. 천사가 마리아와 요셉에게 나타났어요 3. 예수님이 태어나셨어요. 4. 동방 박사들이 왕께 경배했어요

2단원	부활절
	5. 예수님이 예루살렘에 들어가셨어요 6. 예수님이 부활하셨어요

성탄과 부활 성경의 초점과 주제

1단원 **성탄절**

Q 예수님이 이 땅에 오신 이유는 무엇인가요?
A 예수님은 우리를 죄에서 구원하기 위해 이 땅에 오셨어요.

1. 이사야는 이 땅에 오실 구세주에 관해 예언했어요..
2. 하나님이 예수님의 가족을 선택하셨어요..
3. 하나님이 약속하신 구세주로 예수님이 오셨어요.
4. 동방 박사들이 왕이신 예수님께 경배했어요.

2단원 **부활절**

Q 누가 우리를 죄에서 구원할 수 있나요?
A 오직 예수님이 우리를 죄에서 구원하세요.

5. 사람들은 예수님을 왕으로 맞이했어요.
6. 예수님은 십자가에서 죽으시고 부활하셔서 우리를 죄에서 구원하셨어요.